脱炭素地域づくりを
支える人材

―― 日欧の実践から学ぶ

的場信敬・平岡俊一【編】

日本評論社

はしがき

　本書は、龍谷大学社会科学研究所の共同研究「エネルギー・ガバナンスを支える人材の共通要素の検討 ── エネルギー・ガバナンスを支える人材の特長に関する日欧研究」の研究成果をまとめたものである。

　近年、日本国内では、2050年までに地域内での二酸化炭素排出量を実質ゼロにすることを目指す「カーボンニュートラル宣言」を行い、脱炭素化を通じた地域課題解決ならびに地域社会の発展を視野に入れた「脱炭素地域づくり」に取り組もうとする自治体が急速に増えている。そのような動き自体は歓迎すべきことだが、実際に具体的な政策・事業に着手しようとする段階において多くの自治体は各種の壁にぶつかっている。その代表的なものが「人材」の不足である。地域・自治体内部に脱炭素地域づくりに関するノウハウや経験を有する「専門人材」が絶対的に不足しているため、カーボンニュートラル宣言はしたものの、具体的に何をしたらいいか分からない、計画は作ったが取組みの担い手が見つからず動き出せない、という自治体が多数あるという状況にある。継続的に脱炭素地域づくりを展開・発展させていく上では、地域・自治体が自前でその担い手となる人材を確保、強化していくことが不可欠である。

　そのような問題関心のもと、筆者らは「脱炭素地域づくりを担う・支える人材」に焦点を当てた研究を行ってきた。本書では、日本ならびに脱炭素地域づくり（地域エネルギー政策）が先行的に展開されてきた欧州の地域・自治体において筆者らが継続的に行ってきた調査をもとに、まず、政策・事業の現場で活躍している専門人材の特徴やそこで必要とされている職能（知識、ノウハウ、姿勢等）やその獲得方法を明らかにした上で、社会の各層を対象にした教育・人材育成等の取組み、さらには脱炭素地域づくりを支える市民社会・地域社会自体のキャパシティ・ビルディングに関連する事例などを紹介・分析し、最後に日本での人材育成のあり方について考察している。

　筆者らがこのようなテーマに関心をもつようになったのは、まずは先述した

ような日本の地域・自治体における人材を巡る現状に強い危機感を有していることがあるが、他方で、これまでの調査や実践で訪問してきた脱炭素地域づくりが活発に展開されている日本、欧州の現場で数多くの魅力的な人物に出会ってきたことがある。そうした方々が語る言葉や姿勢、そしてこれまで実践されてきた創造的な取組みからは学ぶべきことが多数あった。今後の人材の育成や活躍できる環境づくりを考える上では、まずこうした現場で奮闘されている先駆者やそれらによる実践事例から学ぶことが必要であると考えたことが本書の出発点になっている。

　これまで筆者らの調査を受け入れてくださった日本と欧州のみなさまに御礼を申し上げたい。特に日本の専門人材の方々とは、日頃から研究だけでなく実践活動等などさまざまな場面でご一緒させていただいているが、いつも多大な刺激や勇気を頂いている。また、本書で取り上げている欧州(オーストリア、ドイツ等)での調査については、スイス在住の滝川薫氏に事例選定、通訳などを担って頂いている。滝川さんには、毎回、筆者らからの無茶振りに近いリクエストに対して、丁寧かつ的確に調査事例を選定いただいた上で、現地でのコーディネート・通訳を完璧に遂行いただいている。滝川さんの存在なくして欧州での調査は成り立たないと考えている。この場を借りて厚く御礼申し上げる。最後に、本書の出版にご尽力いただいた編集者の高橋健一氏と日本評論社にも感謝申し上げる。

　本研究は、龍谷大学社会科学研究所の研究助成と出版助成に加えて、JSPS科研費(課題番号18K11746、21H00851、21K12373、24K05231)の助成を受けたものである。

2024年12月

編著者を代表して　平岡俊一

目次

はしがき　i

序章　脱炭素地域社会の実現に寄与する人材への注目 ⋯⋯⋯⋯⋯⋯ 1

1	脱炭素地域社会の実現とエネルギー・ガバナンス ⋯⋯⋯⋯⋯⋯	1
2	脱炭素地域社会を担う人材への注目 ⋯⋯⋯⋯⋯⋯⋯⋯⋯⋯⋯	2
3	当初の課題意識と研究視点の広がり ⋯⋯⋯⋯⋯⋯⋯⋯⋯⋯⋯	4
4	本書の構成 ⋯⋯⋯⋯⋯⋯⋯⋯⋯⋯⋯⋯⋯⋯⋯⋯⋯⋯⋯⋯	7

第1部　脱炭素地域づくりを支える人材の特徴

第1章　日本の脱炭素地域づくりを支える人材の人物像 ⋯⋯⋯⋯⋯ 13

1-1	はじめに ⋯⋯⋯⋯⋯⋯⋯⋯⋯⋯⋯⋯⋯⋯⋯⋯⋯⋯⋯⋯⋯	13
1-2	A氏(女性) ⋯⋯⋯⋯⋯⋯⋯⋯⋯⋯⋯⋯⋯⋯⋯⋯⋯⋯⋯	14
1-3	F氏(女性) ⋯⋯⋯⋯⋯⋯⋯⋯⋯⋯⋯⋯⋯⋯⋯⋯⋯⋯⋯	16
1-4	I氏(男性) ⋯⋯⋯⋯⋯⋯⋯⋯⋯⋯⋯⋯⋯⋯⋯⋯⋯⋯⋯	18
1-5	J氏(女性) ⋯⋯⋯⋯⋯⋯⋯⋯⋯⋯⋯⋯⋯⋯⋯⋯⋯⋯⋯	21
1-6	L氏(男性) ⋯⋯⋯⋯⋯⋯⋯⋯⋯⋯⋯⋯⋯⋯⋯⋯⋯⋯⋯	24
1-7	Q氏(男性) ⋯⋯⋯⋯⋯⋯⋯⋯⋯⋯⋯⋯⋯⋯⋯⋯⋯⋯⋯	26
1-8	おわりに ⋯⋯⋯⋯⋯⋯⋯⋯⋯⋯⋯⋯⋯⋯⋯⋯⋯⋯⋯⋯⋯	29

第2章　日本の脱炭素地域づくりを支える人材の共通要素 ⋯⋯⋯ 31

2-1	はじめに ⋯⋯⋯⋯⋯⋯⋯⋯⋯⋯⋯⋯⋯⋯⋯⋯⋯⋯⋯⋯⋯	31
2-2	専門人材へのインタビュー ⋯⋯⋯⋯⋯⋯⋯⋯⋯⋯⋯⋯⋯	32
2-3	インタビュー結果の分析 ⋯⋯⋯⋯⋯⋯⋯⋯⋯⋯⋯⋯⋯⋯	35
2-4	おわりに ⋯⋯⋯⋯⋯⋯⋯⋯⋯⋯⋯⋯⋯⋯⋯⋯⋯⋯⋯⋯⋯	43

第3章　欧州の脱炭素地域づくり分野における専門人材の職能とその獲得・強化 ⋯⋯⋯⋯⋯⋯⋯⋯⋯⋯⋯⋯⋯⋯⋯⋯⋯⋯⋯⋯ 45

3-1	本章の目的	45
3-2	オーストリアでの脱炭素地域づくりの概要	46
3-3	調査対象者の業務内容と経歴	49
3-4	脱炭素地域づくり分野における職能	55
3-5	職能の獲得・強化	56
3-6	おわりに	58

第2部　教育分野における人材育成へのアプローチ

第4章　気候変動教育の現在地と展望 — 京都の事例をもとに …… 63

4-1	日本における気候変動教育が目指す方向性	63
4-2	日本の若者の気候変動問題への態度	66
4-3	京都の事例①京都市の「こどもエコライフチャレンジ」	69
4-4	京都の事例②京都府の「夏休みCO_2ゼロチャレンジ」	76
4-5	その他の京都の事例	79
4-6	気候変動教育の展望	81

第5章　龍谷大学学生気候会議の教訓 …… 85

5-1	はじめに	85
5-2	気候会議とは	88
5-3	龍谷大学における気候会議の開催	91
5-4	考察とまとめ	102

第6章　オーストリアにおける気候変動教育 — 制度・仕組みによるインパクト …… 109

6-1	オーストリアの教育制度	109
6-2	連邦政府の気候変動教育	110
6-3	州レベルの気候変動教育	114
6-4	基礎自治体レベルの気候変動教育	120
6-5	オーストリアの気候変動教育から見えるもの	125

第7章　ドイツ、オーストリアにおける子ども・若者の政治参加 … 129

7-1	はじめに	129
7-2	ドイツの青少年議会	130
7-3	オーストリアのユースフォーラム	138
7-4	ドイツ、オーストリアからの示唆	148

第3部 市民社会のキャパシティ・ビルディング

第8章 日本における市民のキャパシティ・ビルディングの取組み 153

8-1	脱炭素分野におけるキャパシティ・ビルディングの重要性	153
8-2	ローカルグッド創成支援機構の取組み	157
8-3	より公平な社会の実現を目指すCRPの取組み	160
8-4	Just Transitionとキャパシティ・ビルディング	163
8-5	日本の脱炭素分野におけるキャパシティ・ビルディングの課題	165

第9章 ドイツ、オーストリアにおける市民のキャパシティ・ビルディングの取組み 169

9-1	はじめに	169
9-2	市民参加を重視する政治決定の仕組みの必要性	169
9-3	地域のキャパシティを高めるローカル・アジェンダ21プロセス	175
9-4	自治体のキャパシティ・ビルディングとの役割	182
9-5	求められる制度レベルのキャパシティ・ビルディング	187

第4部 これからの人材育成と地域社会への定着に向けて

第10章 人材の能力構築を支える継続教育と資格フレームワーク 193

10-1	社会における継続教育の役割	193
10-2	オーストリアの「エネルギー・アドバイザー養成講座」	194
10-3	継続教育の学びを社会に位置付ける資格フレームワーク	198
10-4	日本の気候変動分野における資格と資格フレームワークの開発	201
10-5	継続教育と職能資格の定着化に向けて	202

終章　これからの人材育成 ── 日本への提言・・・・・・・・・・・・・・・・・・・・ 205

    1　はじめに ・・ 205

    2　市民を対象にした取組み ・・・・・・・・・・・・・・・・・・・・・・・・・・・・・・・・・ 206

    3　専門人材を対象にした取組み ・・・・・・・・・・・・・・・・・・・・・・・・・・・ 208

執筆者一覧　213

索引　215

序章

脱炭素地域社会の実現に寄与する人材への注目

1 脱炭素地域社会の実現とエネルギー・ガバナンス

2015年のパリ協定とSDGs (Sustainable Development Goals：持続可能な開発目標) の設定以降、気候変動対策と脱炭素化への取組みは、世界共通かつ喫緊の課題として広く認識されている。その挑戦は、温室効果ガス削減という抑制的・限定的な解釈を超えて、コロナ禍からのリカバリーも見据えた新たな価値創造や経済発展の機会としても捉えられており、持続可能な将来社会像の再検討と再構築を我々人間社会に求めている。

日本も遅ればせながら2050年までのカーボン・ニュートラル達成を宣言し、自治体レベルにおいても全体の半数を超える1112自治体が同様の宣言を行っている[1]。また、SDGsが「国際社会共通の目標である」ことを認知している国民の割合も50%を超えており、日本社会でもようやく脱炭素化や持続可能な社会づくりが、少なくとも取り組むべき課題としては、広く認識されるようになってきた[2]。

本書の執筆陣の多くは、過去10年間にわたり、100を超える国内外の先進事例を訪問・調査し、これらの課題に包括的に対応する地域運営のあり方を検討してきた。欧州では、持続可能な地域社会の実現を戦略の柱としつつ、エネルギー自立やエネルギー源転換といったより具体的なテーマの中で包括的議論・

---

[1]環境省：`https://www.env.go.jp/policy/zerocarbon.html`。

[2]The Asahi Shinbun SDGs ACTION!「第10回SDGs認知度調査」：
`https://www.asahi.com/sdgs/article/15212866`。

実践を行う自治体が多く存在する。日本国内においても、地域の脱炭素化を新たな機会と捉え、バイオマスの活用を通した林業再生や、環境自治体のイメージづくりによる移住者の増加や新規ビジネスの誘致など、地域の環境・経済・社会の要素をつなぎ実質的な成果を上げる地域が見られるようになった。我々はこれらの動きを新たに「エネルギー・ガバナンス」という概念で整理した上でその望ましいあり方を支える要素を「社会的基盤」と捉え、これらの基盤整備の必要性を、数々の論文や学会発表、各種セミナー等で提起してきた。

2 脱炭素地域社会を担う人材への注目

それらの成果をまとめた最初の書籍『エネルギー・ガバナンス：地域の政策・事業を支える社会的基盤』では、このエネルギー・ガバナンスを支える社会的基盤として、①エネルギー・ガバナンスを追求する政治的意志、②その政治的意志を支える制度・政策、③その制度・政策を活用する人材・組織、の3つを提起し、この3要素を地域社会において同時並行で整備していく必要があることを、国内外の事例の分析をもとに明らかにした(的場ほか[2018])。

これを理論的ベースとして設定した2冊目の書籍『エネルギー自立と持続可能な地域づくり：環境先進国オーストリアに学ぶ』では、エネルギー自立の取組みが進むオーストリアにフォーカスを当て、この3要素のうち、主に「②政治的意志を支える制度・政策」の具体的な要素の把握やその実現に向けた検討に取り組んだ。この中で、脱炭素化の取組みを地域社会で支える中間支援組織「エネルギー・エージェンシー」を中心とした地域エネルギー・ガバナンスの体制づくりについて詳細に分析した。日本では、地方公務員のほとんどは数年ごとに異動を繰り返すため各部局の専門性が蓄積しにくく、さらに、政策や計画のデザインを外部コンサルタントなどに依存することも多いため、そのノウハウが自治体内のみならず地域社会にとどまらないという課題がある。そのような特徴を有する日本の地域社会にこそ、専門的知識とノウハウにより継続的に地域の脱炭素化を支える中間支援組織の存在が有効であることを強調した(的場ほか編[2021])。これらの研究成果は、国内の学会や実社会でも少しずつ注目を集めてきており、特に中間支援組織については、環境省がわれわれの研究成果もふまえた体制整備を検討しているほか、地域レベルでも実際に複数の

自治体がエネルギー・エージェンシーの実装に取り組み始めている。

その一方で、社会的基盤の「③その制度・政策を活用する人材・組織」のうち、特に人材面についてはこれまで十分に検討できていなかった。これは研究メンバーの多くが、公共政策学、社会学、経済学など社会科学系を専門にしており、制度・政策の方により関心が高かったこと、またシンプルに、欧州の先進的制度や組織などが新鮮で興味深く、まずはここを紹介したいという思いが大きかったことが理由である。しかし、最初の書籍でも主張したように、制度や政策が重要であることはもちろんだが、それらを高いクオリティでデザインし効果的に実践する人材なしには、地域社会の変革は実現できない。そこで、われわれは新たなミッションとして、「人材」にフォーカスした研究を進めることとした。

実際に、近年のわれわれの調査では、人材の量的・質的両面での不足が指摘されることが目立っていた。気候変動分野の取組みが発展途上である日本はもちろんのこと、これまで訪問した、オーストリア、ドイツ、スイス、北イタリアなど、脱炭素化の取組みが進む国々のあらゆる政府機関や自治体、中間支援組織、NPOなどにおいても、人材不足が共通課題として挙げられていた。

国内の地域脱炭素化への取組みにおける自治体の人材不足は深刻な状況である。野村総研が毎年実施している「地球温暖化対策の推進に関する法律施行状況調査」の最新版では、自治体に義務づけられている「地球温暖化対策実行計画(区域施策編)」の策定が進んでいない理由を問う設問で、「計画を策定・改定するための人員・体制が不足しているため」(84.6%)、「対策・施策の実行におけるノウハウが不足しているため」(65.2%)、「地球温暖化対策に関する専門知識が不足しているため」(64.4%)と、人材不足による理由が上位3つを独占している。地域で脱炭素化に取り組もうとしても自治体にそのキャパシティが不足している実態が明確に示されている(野村総合研究所 [2024])。

また、政治を選択し制度を活用する役割を担う市民の気候変動に関する意識に関しても、心配なデータがある。電通総研がバース大学の研究者らの国際比較研究をもとに実施した「気候不安 (climate anxiety)」(気候変動による生活や環境への影響に関する個人の感情)に関する調査の中で、日本人の若者(16〜25歳)の気候変動に対する意識の低さが顕著に表れている。例えば、気候変動

が人類や地球を脅かす危険性について、「心配していない」という回答が対象国 (先進国・途上国合わせて日本も含めた 11 カ国) の中で最も多かった。また、気候変動に対して感じる感情のうち、「悲しみ」「怒り」「罪悪感」「恥ずかしさ」「傷つき」といった、自身の直接的な影響や関連を想起させる感情についても、「いいえ (感じない)」の回答が軒並み対象国中トップであった (第 4 章も参照)。このようなデータからは、気候変動問題が、国際社会の課題としては認識されている一方で、個人の生活レベルでの当事者意識までには未だつながっていない現状がみてとれる[3]。

3 当初の課題意識と研究視点の広がり

　以上のような研究蓄積と社会背景のもと、「人材」にフォーカスした研究を進めることになったが、当初は、「人材育成 ≈ 専門能力を養成する高等教育」という視点で、かなり視野の狭い研究計画を立てていた。そこでは、脱炭素社会を担う人材は、気候関連分野の専門知識やエネルギー分野の技術的なスキルを必要としていて、それらを学ぶための専門的な大学や大学院などでの高等教育が大きな役割を果たしているという (いま思えばかなり短絡的な) 仮説めいた思い込みがあった。

　しかし、このような公教育の研究を柱としたアプローチは、必ずしも現状に即していないことが、関係者へのインタビューを重ねるうちに明らかになった。気候変動対策や脱炭素化といったテーマは、すでに国際的な課題として認識されてはいるものの、いまだに比較的新しいテーマのため、現在現場で活躍している人材の中で、はじめからエネルギーや気候変動について高等教育機関で学んできた人材は、少なくともわれわれの研究対象の中では極めて少数派であったからである。そもそも、環境政策はまだしも気候変動対策について専門的に学べる学部や大学院のカリキュラムは以前 (おおよそ 20 年ほど前) は少なかった、という声が多く聞かれた。

　また、気候変動に関する専門知識やエネルギー分野などの技術やノウハウについても、必ずしも新たに必要不可欠な要素としてはそこまで要求されていな

---

[3]電通総研「気候不安に関する意識調査 (国際比較版)」：
https://qos.dentsusoken.com/articles/2823/。

いことがわかってきた。そこには、地域の脱炭素化に貢献するのは、新たな技術開発を必要とするような革新的な取組みだけではないという認識がある。もちろんそのような技術革新も必要であるが、既存の技術やしくみをいかにうまく組み合わせて新たな対策や価値を創造していくのか、そこにこそ大きなチャレンジがあることを、われわれは国内外の多くの先進事例から学んできた。運輸部門の脱炭素化には公共交通の再編成やラスト・ワンマイル・モビリティにおけるシェア・サイクルとの連携、地域エネルギーの効率化には都市計画の見直しによる公共機能の集約化や地域熱供給網の整備、市民の取組みの促進には活発な情報発信や相談窓口、補助金といった手厚いサポートなど、現在地域に存在する技術やスキルを用いて挑戦出来ることが多くある。そこで必要となる能力は、これらの能力を有する個人や組織を地域でつなぎ相乗的な効果を生み出すような、ネットワーキングやコーディネーションといった能力である。詳細は第1部で議論されるが、このようなコミュニケーション系の能力の必要性は、多くの先進事例で共通して聞かれた要素であった。

　このような研究フォーカスの見直しは、そもそも気候変動問題における「人材」とは何か、について改めて考えるきっかけとなった。その検討の先にわれわれが行き着いた緩やかな定義は、「社会的基盤を創り出すあるいは支える人々」であった。これは、専門知識や技能をもって社会変革への道を切り開くフロントランナーのみならず、そういうリーダーを積極的に支えるサポーターや、そこまで能動的でなくても彼らが切り拓いた道を受け入れてともに歩むフォロワーのような人まで包含する考え方である。フロントランナーたちの意義や役割は言うまでもないが、彼らに頼り切った取組みでは脱炭素化への道は開かない。社会のあらゆる構成員が意識を高め、自己の選択を変えていくことで、社会全体を少しずつ変えていくことが必要になる。脱炭素化や持続可能な社会構築というマクロ・レベルの課題を意識しつつ、その実現のために自分の周りや少し広いメゾ・レベルでの変革に携わろうとする人を増やしていく必要がある。

　欧州諸国と日本の現状を比較してその差異を強く感じるのが、地域社会の持続可能な発展や脱炭素化の政策に対する寛容さである。オーストリアのある自治体の職員は「自治体の首長選挙に負けたかったら気候変動対策反対の政策を

主張すれば良い」と冗談まじりに話してくれたが、そういう冗談が語られるほどに社会的な受容度は高まっている。また、チロル州のエネルギー・エージェンシーでも、州政府の脱炭素化へのスタンスに基本的に賛成すると回答する市民が80％を超えるデータがあると紹介してくれた。もちろん、自身の生活や経済活動に直接影響を受ける際にはよりシビアに対応するが、全般的には州の積極的な脱炭素政策について大きな反対は少ないということであった。このような社会の受容度がどのようにもたらされているのか、正直なところまだ確たる答えを出せていないが、日本との比較の中で、いくつかその要素と思われる点は見えてきた。

　そのひとつが、幼少から青年期における気候変動や持続可能性に関する、特に具体的な体験を通した学びの重視である。オーストリアやドイツの農村部では人口2000人前後の小規模な自治体が多いが、その規模に見合わないパッシブハウス基準など最高水準のエネルギー効率性能を満たした幼稚園や小学校にしばしば出くわす。地元の木材をふんだんに用いて手間暇かけて建設されるこのような校舎は当然通常のものより高価になるが、幼少期からそのような環境で、適切な持続可能性教育を受けることが、子供の生涯にわたる価値観に良い影響をもたらすと考えられているため、地元住民からの反対意見はほとんど出ないということである。また、青年期の若者については政治教育が盛んで、そのひとつである青少年議会の取組み（第7章も参照）では、若者の投票で選ばれた青年議員に、通常の議会で発言を行ったり、青少年議会に託された予算を使って具体的なプロジェクトを計画・実践するといった、実社会に即した経験の機会を提供している。ドイツのゲルリンゲンでは、議会議員の4分の1が青少年議会出身者が占めるなど、若者の政治参加に具体的な成果をあげている。

　もうひとつが、このような現場での議論や実践を経験する場が、一般市民にも多く提供されていることである。第2部で紹介する学生気候会議や、第3部で紹介するビュルガーラート（Bürgerrat）、ローカル・アジェンダ21といった参加型・協働型のイベントがこれにあたるが、このような現場での具体的な経験を通して、市民は新たな知識や他者とのコミュニケーション力などを獲得している。このようにして得た知識や経験は、責任ある行動を行う政治（家）を選択することにも寄与すると思われるが（社会的基盤の①にもつながる）、このよ

うな市民のキャパシティ・ビルディングの場は、国や地域などレベルに関わらず、民主的な手続きや意志を大切にする欧州では特に重要なこととして受け止められているように思われる。

4　本書の構成

以上のような研究視点の広がりをふまえて、本書は以下の4部構成となっている。

第1部「脱炭素地域づくりを支える人材の特徴」では、日欧で実施した半構造化インタビューの分析をもとに、人材の特徴や必要とされる知識・スキル、それらの獲得方法などについて検討する。

第1章では、第1部の導入として、インタビュー対象者の中から日本国内の現場で活躍している人物5名をピックアップし、インタビュー調査の内容をコンパクトにまとめた形でエネルギー・ガバナンスを支える人物像を紹介する。

第2章では、国内で実施してきた9名の専門人材への半構造化インタビューの内容を分析し、この分野に入るきっかけや現場で有益な知識やスキル、その修得手段などについて、共通の要素が導出可能か検討する。

第3章では、欧州内でも特に筆者らが継続的に調査を行ってきたオーストリアならびにドイツの地域・自治体で活躍している専門人材の職能やその獲得・強化の方策についてインタビュー調査の結果をもとに検討する。

第2部「教育分野における人材育成へのアプローチ」では、地域の持続性や脱炭素化といった課題への関心を高めるための、幼少から青年期の子どもたちへのアプローチとして、教育分野における日欧の先進的取組みを検討する。

第4章では、気候変動教育として京都で実施されている事例を紹介するとともに、その広がりと成果、そして課題についての整理を行い、主に将来世代の人材養成において重要になる視点・アプローチについての検討を行う。

第5章では、全学的な取組みとしては全国初となる学生版の気候市民会議「龍谷大学学生気候会議」の取組みについて、過去3回の実施を振り返りつつ、大学の気候ガバナンスにおける学生の参画の状況や明らかになった課題、今後の発展の可能性について検討する。

第6章では、オーストリアの学校の気候教育及び学校の脱炭素化を支える

制度を、連邦・州・基礎自治体に分けて報告するとともに、学校や州のエネルギー・エージェンシー、NGO などによる具体的な取組み事例を、ヒアリング調査結果をもとに報告し、考察を行う。

第7章では、若者の政治参加の先進事例として、ドイツの青少年議会とオーストリアのユース・フォーラムを取り上げ、自治体の政策形成や地域プロジェクトに関わることを支える制度・政策の特徴、および若者参加の成果や課題について紹介する。

第3部「市民社会のキャパシティ・ビルディング」では、市民や組織が脱炭素地域づくりを支える主体となるきっかけづくりを提供するイベントやプログラム、継続教育といった日欧の事例について、その担い手や具体的な現場での有効性などに注目しつつ分析する。

第8章では、脱炭素分野におけるキャパシティ・ビルディングのあり方として、個人に求められる知識やコンピテンシー (能力)、十分に機能する組織のあり方や必要となる制度などについて、国内外のキャパシティ・ビルディングに寄与していると思われるいくつかの取組み事例を参考に考察を行う。

第9章では、キャパシティ・ビルディングについて、特に個人や組織、ひいてはそのネットワークとしての地域全体のキャパシティを高める仕組みや制度について、ドイツやオーストリアの事例を参考に考察を行う。

第4部「これからの人材育成と地域社会への定着に向けて」では、脱炭素地域社会を担う人材の継続的な学びを支えるしくみの検討を行った上で、書籍全体のまとめとしてこれからの日本社会における人材育成についての提言を試みる。

第10章では、欧州諸国で人材の継続的なキャパシティ・ビルディングに貢献している継続教育と職能資格、その資格を社会に定位させる資格フレームワークについて、日本での新たな動きもふまえつつ検討する。

以上をふまえて終章では、日欧の比較から、特に日本がこれから持続可能な脱炭素地域づくりを進めていく際に必要となる人材の特徴と、その育成や活躍を支える制度・しくみについて提言を行う。

▓参考文献
野村総合研究所 [2024]、『令和5年度地方公共団体における地球温暖化対策の推進に関

する法律施行状況調査調査結果報告書』。

的場信敬・平岡俊一・豊田陽介・木原浩貴 [2018]、『エネルギー・ガバナンス：地域の政策・事業を支える社会的基盤』、学芸出版社。

的場信敬・平岡俊一・上園昌武編 [2021]、『エネルギー自立と持続可能な地域づくり：環境先進国オーストリアに学ぶ』、昭和堂。

(的場信敬)

第1部

脱炭素地域づくりを支える人材の特徴

第1章

日本の脱炭素地域づくりを支える人材の人物像

1-1　はじめに

　本書は脱炭素地域づくりを支える人材をテーマにしているが、まず第1部では、日欧の地域・自治体レベルでの脱炭素ならびにエネルギー分野の政策・事業(以下、脱炭素地域づくり)の現場で活躍してる人材の特徴を整理することを試みている。具体的には、行政組織や中間支援組織、NPO、地域エネルギー会社などの仕事・活動に従事している人たちが現在地に辿り着いたプロセスやきっかけをはじめとして、この分野で仕事・活動を行う上で重要と考える職能(知識、技術、態度、価値観など)、そうした職能を獲得・強化してきた方策などを明らかにする。

　これらのことを分析・考察するために、筆者らは、日本ならびに欧州(オーストリア、ドイツ)の地域・自治体の現場に関わる多数の人材を対象にインタビューを重ねてきた。インタビューでは、調査対象者のこれまでの歩み「ライフ・ストーリー」を中心としながら、上記のような課題について各自が考えていることや筆者らとの対話を通して気づいたことなどを語ってもらった。

　調査結果の分析・考察などについては第2章以降で詳しく述べていくが、その前に本章では、第1部の導入として、調査対象者の中から日本国内で活躍している人物5名をピックアップし、インタビュー調査の内容をコンパクトにま

とめた形でそれらの人物像を紹介していくことにする。なお、以下の文章では、調査対象者が特定されることを防ぐために、氏名・組織名を仮名とし、発言内容にも必要に応じて変更を加えている。

1-2　A氏（女性）

- インタビュー実施時期：2023年2月
- 現職：NPO法人理事長ほか
- 仕事・活動の内容

　B県で再生可能エネルギー普及や持続可能な地域づくりなどを推進しているNPO法人Cで理事長を務めている。同団体は、拠点を置いているD市を中心にしたB県内で市民出資型の太陽光発電導入事業を展開してきたが、近年は、高校をはじめとする各種施設での断熱ワークショップの開催にも力を入れている。さらに、地元D市での持続可能な地域づくりをテーマにした活動も行うようになり、人口減少や交通、中心市街地などに関する研究会やセミナーの開催、政策提言なども実施するなど、団体の活動の幅は広がっている。

　その他に、B県には脱炭素・エネルギーをテーマに、県内各地の専門家や関連団体等が参加したネットワーク組織Eが存在している。同団体の活動にも参加しており、人材育成に関する事業等を担当したりしている。

　こうした活動が関係して以前から講演等に呼ばれる機会が多い。自分が話をすることで少しでも役に立てればと思い、積極的に受けるようにしてきたが、最近では他の業務が多忙になりなかなか受けられない状況である。

- これまでの経歴

　県外の出身で20年近く前にD市に移住してきた。移住する前まで私のまわりには市民活動に関わる人たちがけっこういたが、自身は単発のイベント企画以外に継続した活動はあまりやっていなかった。しかし、移住後間もなく、近隣のまちで開催された上映会で原発問題をテーマにした映画を見て、エネルギー問題が急に自分事になった。また、上映会にあわせて開催された講演会で映画監督の話を聞いて、原発問題について立場・意見の異なる多様な人たちにインタビューしていることに感銘を受け、こういったコミュニケーション・スキルが社会の課題を解決するのではないかと考えるようになった。

この映画が発端となり、市民活動を始めることになった。D市でも映画の上映会を開催し、そこに集まったメンバーで勉強会などを行うようになった。それでも最初は、再エネ事業を地元でやりたいけど、自分たちでやるのは無理だと考えていた。私はできないけど、誰かがやってくれると思っていた。しかし、そんな中で3.11 (東日本大震災) が起こり、お腹を殴られたような感覚になった。まず自分がやらなければ変わらないというように考えが変わり、さまざまな人に会いに行くようになり、そうした過程で現在も一緒に活動に取り組むメンバー3人と「意見だけでなく実際に自然エネルギーを増やそう」と共感が高まった。そして、ある会議からの帰りの車の中で、メンバーの一人から現在NPOで取り組んでいる市民出資型発電の事業スキームの提案を受け、動き始めることになった。

　その事業を実行するためにNPOを立ち上げることになったが、仲間たちから代表に押された。当時は、飲食店でアルバイトとして働いている身でビジネスの経験もなく、そのような役割を担えるか自信がなかったが、別の地域活動をしている仲間の1人から応援するよ、出資します、と言われたことが決定打になり、このDの地域でならできると感じて引き受けることにした。やるとなったら長期間責任を持つ必要があるが、そのときに覚悟も決めた。今は天職に出会えたと思っている。

● 仕事・活動を進める上での職能

　まずは「人の力を借りる能力」だと思う。団体を立ち上げて事業を進めていく際は複数のメンバーで役割分担していく必要があるので、この人にはこういう能力があるので、こういった仕事をお願いしよう、ということを見極めて協力を依頼できる能力が大事になる。さらに、コミュニケーション力 (聞く力)、仲間をつくり人をつなぐ力、データを読み込み、それを使って伝える・説得する力、なども必要だと思っている。その中で、私自身は聞く力をもっとつけなければと考えている。人と会った際、自分ばかり話をしてしまったなと後で反省することがある。人から協力を得る時には、しっかり相手の話を聞く必要があると思う。また、地域の客観的なデータは、地域内外の多様な立場の人たちの共感を高め協働を促すきっかけをつくる強力なツールである。外部で講演をしたり、提言をしたりする際には意識的に使うようにしている。あわせて、プ

レゼンテーションについても今でも新しい内容の時には事前に声を出して練習することがあるが、とても有効だと感じている。

こうした職能の獲得方法について、私自身は、基本的に実務を経験しながら得ていったが、コミュニケーションに関連する部分については、もともと若いころから人と会ったり、話したりすることが好きだったと思う。さらに、自分が生まれ育った家が人の出入りが多かったこともあり、人が集まる場が好きだったことも影響していると思われる。また、関連分野の専門知識については、まわりにいる各分野に詳しい人たちから学んで入手している。質問してくれる人もありがたく、回答するために調べて理解することで身につく。そのために、関係するネットワークの集まりなどにも積極的に参加するようにしている。

その他に、こうした仕事を行う上で支えになっているのは、昔からずっと応援してくれる市民活動仲間や見守ってくれている家族などの存在が大きい。加えて、いろいろなところから連携事業のお話をいただけるようになり実効性のある事業に関わることが増えたこともエネルギーになっている。

1-3　F氏 (女性)

- インタビュー実施時期：2024年7月
- 現職：地域地球温暖化防止活動推進センター職員 (管理職)、NPO法人専務理事、地域エネルギー会社社長
- 仕事・活動の内容

私は、主に2つの立場で仕事をしている。

G県で活動を展開している地域地球温暖化防止活動推進センター (以下、地域センター) のセンター次長ならびにセンター指定団体であるNPO法人の専務理事を務め、実施事業全体統括が主な仕事になっている。当センターを指定しているG県庁の脱炭素政策担当部署と連携しながら、各主体による地球温暖化防止に関する活動支援、普及啓発、相談紹介助言、環境教育、自治体の政策支援、中小企業の脱炭素経営に関する支援、温暖化防止県民運動事務局など多様な事業を展開している。関連して最近は、自治体等の温暖化対策実行計画委員や職員研修講師の依頼などが増えている。

2つ目の仕事は、NPO法人と地元の企業の出資により、再生可能エネルギー

の普及促進を目的に設立した地域エネルギー会社の代表取締役社長である。自治体との連携により公共施設の屋根などを活用した地域主導型の市民共同発電事業、環境エネルギー教育などを展開している。

● これまでの経歴

生まれも育ちも現在仕事をしているG県H市である。結婚後、あることがきっかけで食品に関心を持つようになり、G県の消費者啓発活動推進員になった。推進員仲間と新たな消費者グループを作り、勉強会を開催していた。ただ、この時期は子供も小さかったこともあり、活動への参加はイベントの手伝いなど限定的なものになっていた。その後、H市消費者協会の代表者から声がかかり、事務局長を務めることになり、さまざまな事業を積極的に展開していたところ、H市からの依頼で総合計画の策定委員に就任し、策定作業に加わることになった。このことは、自治体の政策決定のプロセス・仕事の進め方など、自治体文化を知る機会になり、その後の活動に大いに役立った。

ちょうどG県で地域センターを指定することになり、その審査委員会に消費者協会の代表として参加したことがきっかけで、スタッフとしてセンターの仕事を手伝うようになった。その後、正式な職員になって欲しいという誘いを受け、消費者協会を退き、地域センターに転職することにした。ただ、この頃はまだ地球温暖化やエネルギー問題に強い関心を持っているわけではなかった。

地域センターでは、温暖化防止に関する普及啓発事業を中心に携わりながら、ゼネラルマネージャー、事務局長、センター次長と職位が変わっていく中、個人でこまめに行う地球温暖化防止活動だけでなく、社会システム自体を変革する必要を感じていた。東日本大震災をきっかけに、エネルギー問題について強い関心と危機感を感じ、遠くの誰が作ったか分からない電力に頼っていてはだめだと認識した。

ちょうどそのタイミングで、地域に還元できる再エネ事業に取組みたいという地元企業から相談を持ち掛けられたことが契機となり、FIT制度（固定価格買取制度）の開始に合わせ、自治体と連携した市民共同発電所事業の検討を始めた。その後、その企業とセンター指定団体であるNPO法人との共同出資により、再生可能エネルギーの普及促進をメイン事業とする新しい会社を設立し、代表取締役社長に就任した。

● 仕事・活動を進める上での職能

「まず、行動すること」、「発信」、「コミュニケーション」が大事だと考えている。私は、消費者協会で働いていたとき、さまざまな団体の代表者や自治体、関係団体等と連携することが多かったため、それぞれの話をしっかり聞き取りながら、実際に行動し発信することの必要性を認識させられた。仕事は人とするものであり、それぞれの適正やお互いの得意分野を伸ばしながら、チームで動くことが仕事の広がりに繋がると思っている。そのために、地域センターでは、スタッフの脱炭素関連資格の取得に関する受講費用の支援などを行い、組織内の人材育成にも力を入れている。「楽しく仕事をする」、「仕事をおもしろがる」ようになることも重要だと思う。

私がこうした職能を得られたのは、これまで県内の各自治体の関係者や担当者に紹介をお願いし、地域内のステークホルダーや組織、同業者のキーマン等さまざまな人と会いながら培われたものだと思っている。特に各分野の専門家から話をしっかり聞くことで得られる知識や情報の広がり、面白さ、そしてそれを発信しながら繋ぐためのネットワーク作りを積極的に行ってきたことも影響していると感じている。また、消費者協会当時の会長から「一人でできることは小さいけれど回りを巻き込んで一緒に動いた時の1歩は大きい」と言われたことを、今も忘れないようにしている。

1-4　I氏 (男性)

● インタビュー実施時期：2024年7月
● 現職：コンサルティング会社社長、地域エネルギー会社社長
● 仕事・活動の内容

現在は主に3つの仕事・活動を行っている。第一は、コンサルティング会社で主に持続可能な社会づくり、脱炭素などをテーマに調査研究、社会実装の方策などを自治体職員や研究者と一緒に考え、取り組んでいる。会社の経営者だが、社長らしいことはあまりしていない。私のほうから社内で実施する事業やプロジェクトの指示をすることはあまりなく、基本的に社員それぞれが案件をとってきて、個人または少人数のチームで仕事をしている。働き方や勤務時間もいろいろで、フルタイムで働いている社員から育児や大学院に行きながら一

定割合の時間で働いている社員もいて、給与も貢献度・役割や仕事量を踏まえる形になっている。それぞれのライフステージに合わせた多様な働き方、そして、社員それぞれの名前で仕事を行えるようにしたいと考えている。

第二は、ある小規模な自治体を拠点に事業を展開している地域エネルギー会社(地域新電力)の経営である。電力の小売り事業を行うとともに、地元自治体の政策・事業支援、地域づくり活動や学校での教育活動の支援など、持続可能な地域づくりの展開に広く関わっている。こちらも会社経営の実務的な部分は他に担ってくれている社員がいるため、私自身は事業展開の方向性やアイデアを考えたりすることが主な役割になっている。

第三は、始めて間もない取組みだが、里山と都会をつなぐ活動を行っている。自身が生まれ育ったまちに活動拠点を設け、自然は豊かだが過疎化などの課題を抱える農山村と人はたくさんいるが関係性が希薄化している都市部に住むさまざまな人たちが集まり、困りごともまぜこぜにしながら、新しいコミュニティをつくることを目指している。

● これまでの経歴

大学については、研究したい内容ではなく、部活(やりたいスポーツ)で選んだ。資源工学系の研究室に所属することになり、放射性廃棄物の処理を研究テーマにし、大学院まで進学した。しかし、研究している内容や今後の進路などに疑問をもつようになり、さらに、ベトナムの山村に3ヶ月間滞在した際に小規模な太陽光発電に出会って関心をもつようになったことをきっかけに、大学院を中退し、イギリスに留学して現地の大学院に入学し直した。そこは再生可能エネルギーを専門にしたコースで、企業と共同研究を行いながら修士論文を執筆した。

大学院修了後、日本に帰国し、金融機関系のシンクタンクに就職した。就職直後から、国内のさまざまな研究機関が集まり、長期的な脱炭素政策のあり方について検討する研究プロジェクトに関わることになった。このプロジェクトでは、実現すべき社会の姿をまず設定し、それをどのように実現するかという、これまでにあまりなかったバックキャスティング型のプロセスで研究を行っていた。どんなに批判されてもそのやり方を通したプロジェクトリーダーの姿に大きな影響を受けた。このプロジェクトに参加できたことは自身にとって大き

かったと考えている。

しかし、現場から離れたところで仕事をしていても社会は変わらないと感じ、現場で活躍されている方々が輝かしく見えて、自分も独立して何かやりたいと思うようになり、シンクタンクを退職し、コンサルティング会社を立ち上げることにした。独立後間もなく、京都のある大学の先生方と一緒に仕事をする機会があったが、その際に地域と関わることの面白さ、難しさ、作法などを学ぶことができた。このような感じで、これまでいろいろな人と出会い、影響を受けてきた。そして、それらを面白がる感じで仕事をやっているように思う。

地域新電力については、自治体側から相談が来て、一緒に取り組むことになった。前々から現場がほしいと考えていたこともあり、この地域でいろいろな実践を展開している。

● 仕事・活動を進める上での職能

なかなか思いつかないが、私自身は面白がって仕事をしており、それも大事な職能なのではと思う。他の人たちが興味はあるけどなかなか始められないという事業についても、「面白そう」、「楽しそう」と思いながら取組みに着手するなど、一歩踏み出す役割を担ってきたように思う。

また、この分野は関連する話がとても多様だが、私自身が特にこれが得意というものがあるわけではない。自分の会社には各分野において優れた専門性を有する人材がいる。そういった優秀な人たちに適材適所で活躍してもらえるように日頃から目配りをするようにしている。また、それに関連することだが、立場が違う人が集まって一緒にやることをおもしろいと思い、積極的に取り組んでいる。さまざまな立場の人たちがつながると社会が動くようになる、と考えている。それぞれが足りていないことを補い合える可能性もある。なので、人と人をつなぐための「コミュニケーション」能力は不可欠だ。

職能の獲得については、私の場合は、かっこいいなと思うロールモデルになる人がたくさんいる。そうした人たちのことを仕事などを通じて見て学んできた。現在行っている子ども・若者を巻き込んだ活動でも、かっこいい大人たちの背中を見せる場を積極的につくっていきたいと考えている。さまざまな人のことをリスペクトできることは私の強みかもしれない。

大学院での学びも役に立っているが、やはり社会人として働き出してから

OJT (On the Job Training) で学んだことが大きい。最初のシンクタンクで脱炭素政策の研究プロジェクトに参加した際、毎回調査結果をまとめた資料を作成、発表したが、他の参加者から厳しいことをたくさん言われた。しかし、それはとても大事な経験だったと思う。そういった場にいて、世界の最先端の情報や専門的知見が得られたことも大きかった。

1-5　J氏 (女性)

- インタビュー実施時期：2021 年 12 月
- 現職：町役場職員 (管理職)
- 仕事・活動の内容

基礎自治体 K 町の役場で勤務している。現在は、地域振興系の部署に所属し、主に伝統文化・歴史まちづくりを担当している。課長補佐を務めており、現場に出ることもあるが、全体の統括的な業務が多い。その前は、19 年間にわたり環境政策を担当した。所属部署は何度か変わったが、異動した先に同政策関係の仕事がついてくるような感じだった。

- これまでの経歴

私は、生まれも育ちも現在働いている K 町で、大学に進学するまで地元で過ごした。高校生の時に、K 町の姉妹都市として交流しているドイツの自治体から市長を招いたシンポジウムが開催された。私自身はそれに参加したわけではないが、ドイツに憧れをもつようになった。その後、県外の大学に進学したが、ドイツ文学のコースに在籍し、長期休暇に同国に行ったりした。その頃から、いつかはドイツに滞在したいという思いをもつようになった。

当時、地域づくりに関わろうという気持ちはもっていなかったが、縁あって地元の役場に就職することになった。そして、自分で希望したわけではないが観光系の部署に配属された。そこでは観光ガイドのコーディネートなど、住民との触れ合いが多い業務を経験した。また、その頃に町役場内に各課の職員で構成された環境保全推進のためのチームが設立され、私も参加することになった。このチームではいろいろと勉強をさせてもらった。その後に住民が参加した同様の組織も設立され、両組織で一緒に環境保全活動を行うことになった。月 1 回くらいの活動で、マイバックキャンペーンやアルミ缶回収などを行った。

役場職員は、業務の一環になっていたが、住民と一緒に取り組む活動なので、夜など時間外での活動も多かった。その活動は、K町が他自治体と合併するまで続いたが、当時からドイツも環境保全が盛んだったので何かしらの共通性を感じていた。

上記の観光系部署で7年間勤務した後、環境系部署に異動になった。K町役場には、それまで環境政策を扱っている部署はなかったが、当時、町として環境保全を地域づくりの中心テーマに据えることを宣言し、環境基本条例を制定したことなどに伴い、本格的に環境政策を展開することになった。具体的には、役場内でのエコオフィス活動、新エネルギービジョン策定などを行ったほか、再エネやバイオマスエネルギー導入などを進めていった。それにあたっては、先進自治体の視察やシンポジウムなどに積極的に参加した。感化されやすいタイプなので、各地の動きに大いに影響を受けた。

そうした中で、個人的にドイツに行きたい気持ちが強すぎて、一度役場を辞めようとしたことがある。観光部署にいる間にもそう思ったことはあったが、環境部署に異動したことでドイツに行って環境保全のことを学びたいという気持ちがものすごく強くなり、決心した。ドイツに行けるんだったら仕事を辞めてもいいと思い、その気持ちを上司に伝えたところ、休職という扱いで、ドイツの姉妹都市に研修生として行かせてもらえることになった。最初の1ヶ月は語学学校に通い、その後5か月を民間の事業所 (クリスマスショップ)、残り半年を自治体 (国際交流、環境担当の部署) で勤務した。働いているというよりも、話を聞いている、連れて行ってもらっている、という感じだった。帰国して復職した後、再エネ政策に本格的に取り組むようになったが、ドイツで学んだことをもとに地元に恩返ししたいという気持ちがあった。

環境政策を担当している間もいくつか部署の異動は経験した。最初は水道や廃棄物など環境全般を担当している部署に所属し、その後は総務・企画系の部署、最後は環境政策に特化した部署だった。その間、環境政策に熱心な全国の自治体や研究者、NPO関係者が集まる大きなイベントの開催や環境基本計画の策定なども担当した。自分がなぜ19年間も環境政策を担当し続けることになったのかは分からないが、何となくあいつに任せておけば大丈夫なのではと見てもらえたのかと思う。K町役場は、明確なルールがあったわけではないが、

重要政策部署には長期間担当し続ける職員が配置されているように思う。役場の上層部で専門人材が必要だという認識をもっている人が何人かいて、そうした影響があった。

現在の部署に異動したことについては、正直、環境政策部署でまた新しいことをやりたいと思っていたタイミングだったこともあり、心残りな部分はある。ただ、部署が変わっても環境政策に関連することでやれることはある。また、同じ部署にずっと居続けると新しい職員もやりにくいので、これでいいのかなとも思う。

● 仕事・活動を進める上での職能

自治体職員は何かの専門性をもって就職しているわけではないが、「コミュニケーション」能力は大切だ。これがあれば大抵は乗り切れる。行政では、自身で企画していく、他の人たちから意見を聞きながら企画していくことの両方が求められるが、どちらも上記の能力がないと立ち居かない。行政の中で仕事がうまくいかなくても、地域の住民の方々が助けてくれて何とかなるということもある。私も本当によく助けてもらっている。さまざまな人とつながりをつくり、味方を増やしていくことが大事になるが、そのためにもコミュニケーションは重要だ。また、「強い心」、「信念」も必要だと思う。多数派の意見だけにもとづいて仕事をしていたら、社会や地域は変わらない。

加えて、「好奇心」が強く、アンテナをちゃんと張って外の情報などを貪欲に集めてくる姿勢も必要だと昔の上司に言われたことがある。実際にK町役場は、職員が希望すれば、いろいろなところに視察に行かせてもらいやすい環境にあり、私自身は頻繁に視察や研修に行っていた。

こうした職能を獲得する上では、やはり役所外の現場で、地域のさまざまな人たちと一緒に仕事をする経験を積む必要がある。K町には、住民などが参加した組織が多数あるため、役場職員がともに作業をしたり会話したりする経験を積む機会が多数あり、トレーニングになっていた。しかし最近は、新型コロナなども影響して、そうした動きが少し弱くなっていると思われる。また、K町は、役場職員と住民などが一緒に参加した地域づくりに関する学習会も盛んに実施されてきた。そういった場でさまざまな立場の人々がともに学び、議論するという土壌があるのも大きい。

行政組織内のことを考えると、職員が人事異動でころころ変わり続けることにはデメリットが大きいと思う。地域づくりを進める上ではそれぞれの分野の専門性がないと厳しいので、各部署に何人かずつは専門職的な職員が必要なのではないだろうか。ドイツの人に日本の行政組織の人事制度の話をするといつも驚かれる。

1-6　L氏 (男性)

- インタビュー実施時期:2024年8月
- 現職:都道府県職員 (現在は県内の市役所に出向中)、市民団体 (任意団体) 事務局長
- 仕事・活動の内容

もともとの仕事はM県庁の職員で、環境行政に関する専門職として採用されている。現在は、自身の出身地でもある県内のN市役所に出向中で、地域脱炭素政策の推進を目的にした部署で勤務している。業務内容としては、地域新電力と中間支援組織の立ち上げ支援が主だが、その他にも、公共施設での再エネ導入事業実施の検討、エネルギー・ビジネスの活性化、環境教育プログラムの企画・実施、普及啓発事業、太陽光発電補助事業なども担当している。部署の職員が少人数のため、政策企画から補助事業の実施まで多岐に渡る仕事をしないといけないが、政策立案の現場に関わることができ、充実感はある。N市には自ら希望して出向することになった (2年間の予定)。

仕事とは別に、N市を拠点に持続可能な地域づくりの推進をテーマにした市民団体Oを立ち上げ、活動を展開している。特にエネルギーと地域が抱える諸課題 (交通、福祉、林業など) を掛け合わせながら、関連する地域の多様な主体が集まって議論・交流し、新たな動きを生み出すことを目指した、プラットフォーム形成や中間支援に類する活動をメインにしている。環境省のあるモデル事業に採択され、本格的に活動を行うようになった。団体の活動は主に3人のメンバーで動かしており、私は事務局長の役割を担っている。

- 現在までの経歴

私が大学に入学したの2011年で、東日本大震災の影響をかなり受けていると思う。在籍していたのは経済学部で、講義を通じて「成長の限界」のことを

知り、持続可能性に強い関心をもつようになり、一体どうすればそれは実現できるのか？と考えるようになったことが出発点になっている。もともと正義感が強く、自分だけが得をしている状態がいやで、社会に役に立つことをしたいと考えていたことも関係していると思う。

　大学の講義で原発の反対運動の現場を見る機会があったが、それを通じて大規模な社会経済システムや技術などに頼ることに違和感をもつようになり、いろいろと勉強をしていく中で、地域内でお金を回すようにすることが1つの解決策になるのでは、という仮説を立てた。また、中国・内モンゴルでの植樹活動を経験したことで、地球規模の環境問題も地域社会での取組みの積み上げが重要になるという認識ももつようになった。このようにして、「地域での環境と経済の調和」が自身のテーマとなり、それを踏まえる形で自分の今後のキャリアを考えていたところ、知り合いになったM県庁の職員から環境行政に関する職種のことを教えてもらい、ちょうど制度・政策、民主主義などにも関心があったので応募することにした。

　なお、就職前は大学院の修士課程まで進学した。その間、気候変動問題に関心はあったが、あまり勉強できておらず、ちゃんと学ぼうと思い、この問題に関心のある若者が集まり、政策提言やさまざまな活動を展開している市民団体Pに参加した。そのときに築かれたネットワークは現在もすごく活きている。学生時代は、その他に起業サークルにも所属した。そこでたくさんのベンチャー企業の起業者と出会う機会があったが、彼らは自分のテーマややりたいことがあり、それを実現するために起業をしており、その生き方に影響を受けた。さまざまなことに関心をもっているが、現在の私のテーマは持続可能な地域づくりだと思う。

　M県庁に就職後は、まず環境規制の許認可に関係する仕事をした。企業が法規制を守っているか細かくチェックする業務であまり気持ちのいいものではなかったが、法律を読むことや行政の考え方などについて叩き込んでもらうことができた。その後は、循環社会形成に関する部署に異動し、予算獲得から政策企画、普及啓発、議会対応など幅広い業務を経験した。政策系の仕事の基礎を学んだように思う。

　そうした県職員としての仕事に従事しながら、就職1年目から仕事とは別の

活動にも取り組んできた。例えば、環境保全活動に関わる各種分野の専門家が参加したネットワークの形成と活動の実践、政策プロセスへのデザイン思考の導入などに関する取組みを行っていた。そのような中で、現在の活動の主軸になっている地元Ｎ市でのＯによる活動にも取り組むようになった。知り合いなどを通じて、Ｎ市でエネルギーや地域づくりなどに熱心に取り組んでいる人たちと出会い、当初は緩やかにつながっている状態だったが、その後、同市でも脱炭素、エネルギーに関する動きが少しずつ見られるようになったことを受けて、つながっていた人たちの間で何かやろうということになった。

● 仕事・活動を進める上での職能

私自身が有していると思う職能としては、まずは「行政のルールや言語」を理解していることがあげられるように思う。行政で働くのはもちろんだが、市民活動のほうで取組みを推進していく上でもこの力が活きる場面がかなりある。行政職員としては「忍耐力」も職能の１つかもしれない。そして、市民活動を推進していく上で大事だと思う職能としては、「調整力・コーディネート力」、「ネットワーク力」、「事務処理力」、そしてさきほど述べた「対行政力」などだろうか。発想の仕方や言語などが異なるさまざまなタイプの人たちを巻き込んで一緒に事業を展開することが多いので、調整力・コーディネート力は不可欠だ。当然、多様な主体との間でつながりを有するネットワーク力も重要だと思う。

コーディネート力を育成できるかどうかについては難しいところがあるが、先天的な部分は一定あるように思う。例えば自身を分析してみると、我が強くなく、中間的なポジションをとるのが好き、相手方の反応や感情などに気を使っているところがあり、そのあたりがコーディネーター役を担うにあたって合っているのかもしれない。また、それぞれの人の特性を踏まえて役割・ポジションを当てはめていくことも得意なように思う。他にも、すごいなと思う人に惚れっぽい、その人たちと一緒に何かやりたい、一緒にいることで自分が磨かれる、と考えて行動しているように思う。

1-7　Q氏（男性）

● インタビュー実施時期：2022年4月

- 現職：一般社団法人(地域エネルギー事業支援組織)事務局長
- 仕事・活動の内容

全国の地域振興・脱炭素化推進に資する地域エネルギー事業に取り組む組織の支援活動を展開している一般社団法人Rの事務局長を務めている。同組織では、地域エネルギー事業に関する組織立ち上げや事業展開に関する支援、会員組織間の交流・ネットワーク化、国などの関連政策・制度に関する情報提供、人材育成などに取り組んでいる。あわせて、ある大学院の研究プロジェクトの研究員の肩書も有しており、地域エネルギー事業に関する研究を行っている。

- 現在までの経歴

大学在籍時は、工学系の研究室でエネルギーについて研究を行い、大学院修士課程まで進学・修了した。その後、国のある省に就職し、原子力関係などの部署で仕事をした。5年間勤務した後、同省を退職し、都道府県庁Sに転職した。転職の理由は、働き方や今後の人生設計などを考えてのことである。

転職先のSでは、最初の2年間は税関係の部署で勤務し、その後自ら希望して環境政策担当部署に異動し、そこで8年間勤務した。その間はずっと再エネ関係の政策を担当した。毎年異動の時期になると、来年度この部署で何がしたくてどのような貢献ができるかを上司にプレゼンし、異動しないように希望を出していた。またその間に、職場の制度を使って3ヶ月間にわたり欧州各国の自治体をまわり、地域エネルギー事業の調査を行った。現地の自治体レベルでの取組みや体制・組織整備などにものすごく感銘を受け、日本でもそうした事業、組織を立ち上げたいと考えるようになった。

その後、Sの外郭団体に3年間出向することになった。そこでは、エネルギー事業の立ち上げを担当した。とても面白い仕事をすることができたが、諸事情により志半ばで断念した取組みもあった。その後、現在の職場である組織から声がかかり、地域創生に資する地域エネルギー事業への想いが高じ、転職することにした。

大学院のプロジェクトの研究員になったのは、地域エネルギー事業がどの程度地域にメリットをもたらしているかを分析し可視化したいと考えたことによる。行政職員の立場だとそのあたりに関して自由がきかないので、尊敬する大学の教員に相談し、研究チームに入れてもらった。その後、大学の大学院博士

課程に進学し、業務時間外の時間を使い研究を行っている。専門的な雑誌などに記事を書くと、さまざまな方からアプローチしてもらえる。情報を出すところには情報が集まってくることを実感しており、とても楽しいし、勉強になっている。

● 仕事・活動を進める上での職能

全国の関連組織を支援する立場にあり、一定の知見・ノウハウが必要だと考えている。この人に聞けば何とかなるという信頼を得ないといけないが、まだ足りておらず、悩んでいる。制度・政策に関連する情報は多く、変化することも頻繁にあるので、勉強をずっとしないといけない。

また、大事と思われる情報を判断してピックアップし、それらの情報を分かりやすく伝えることが重要である。加えて、事業を企画・提案することも多いので、事業案を通しやすくする、相手を説得するための説明資料づくりに関する力も必要になる。私自身の場合、そのあたりに関しては行政職員時代の仕事の経験が活きている。

大学院のプロジェクトの研究員として調査研究を行っており、それによってエビデンスを得ることができているが、これは話などをする際の重要な説得材料になっており、仕事をする上でも重要と感じている。また、研究活動を通じて得られる人脈も仕事に活きている。

私は、現場で事業を展開している実務家を支えるという仕事が自身に向いていると考えている。この仕事でなければ、行政職員は辞めていなかったと思う。また、私はRの会員のみなさんに大いに助けられている。地域の現場の話だと分からないことが多いが、そうした際には各地の会員に助けてもらっている。また、こちらから提案した企画にも前向きに乗ってもらっており、企画立案のやりがいを感じている。この組織への入会は紹介制をとっている。組織の理念を理解してもらえる組織でないと入れないため、会員間の考え方は近い状況にある。そうでないと、重要な情報等を共有・活用できる関係を維持することはできない。

この分野の業務を遂行するための職能や専門性などは、課題意識を持ち一定期間にわたり現場に関わり続ければある程度得られると考えている。自治体の行政職員についても当事者意識を持ちながら継続的に業務を担当すれば、専門

的な人材を育成することができると思うが、現在の人事制度では難しい。また、多様な人材と接点をもち、交流をすることも重要だと思う。大学院についても、そこで多様な人たちと議論などができれば、本を読んだり、勉強したりするモチベーションがあがり、人材として成長できる場になるのではと感じている。

1-8 おわりに

本章で取り上げた5名の人物の職種やこれまでの経歴などは実に多岐にわたっているが、いずれも現在の仕事に情熱をもち、かつやりがいや面白さなどを感じながら取り組んでいることが分かる。そして、仕事内容は異なるものの、重要と考える職能については共通する要素が多く見られたことが興味深い。そうした点の整理、分析については次章で詳しく行う。

(平岡俊一)

第 2 章

日本の脱炭素地域づくりを支える人材の共通要素

2-1　はじめに

　われわれは「脱炭素地域づくりを支える人材」の特徴とそれら人材が活躍する制度背景を明らかにし日本での実践に貢献することを目的に、日欧の諸セクターにおける人材の比較・検討を行ってきた。その研究の柱となる個人へのインテンシブなインタビュー調査は、新型コロナの影響により当初計画していた数の調査は実施できなかったものの、オンライン・ミーティングも活用して国内外の多くの脱炭素・エネルギー政策分野の専門人材から協力を得ることができた。

　本章では、このインタビュー調査について、はじめにその目的や実施方法を確認した上で、国内の 9 名の専門人材を対象に実施したインタビューの内容を整理・分析する。第 3 章では欧州 (オーストリア・ドイツ) の専門人材へのインタビュー結果について検討するが、あえて日欧の分析を分けたのは、日欧では、特に働き方や雇用の流動性、継続教育の考え方などの社会背景が大きく異なっていることから、これらを分けて分析した方が双方の特徴をより鮮明に示すことができると考えたためである。日欧のインタビューで同じ質問項目 (後述) を使用することで、比較が容易にできるように工夫している。

2-2 専門人材へのインタビュー

2-2-1 インタビューの目的

われわれは当初、研究対象となる人材を、①政治的意志を形成する「政治家」、②制度を具現化する「行政職員」「中間支援組織職員」、③実践に参画する「市民社会組織職員(民間企業を含む)」の3つに分類し検討していた。ただ、①の政治家については、研究期間中に残念ながら適切なインタビュー対象者(被調査者)を見つけることができなかったため、残りの②と③のグループそれぞれについて、脱炭素・エネルギー政策において先進的な取組みを進める人材をピックアップし、2時間程度のインタビュー(2名は対面、7名はオンライン)を実施した。

インタビューの目的は、まず、(1)専門人材が有する、あるいは求められる特徴(スキルや能力、価値観など)を明らかにし、その上で、(2)それらの特徴が涵養された教育的・制度的・社会的要因を明らかにすることであった。そうすることで、日本の地域社会における人材の確保・育成手法を検討し、またその際に障壁となる課題の解決策を探ることで、今後の方向性を提言することを目指した。序章で説明したわれわれの人材の捉え方からすると、今回の9名は、程度の差はあるものの、これまでの日本の脱炭素・エネルギー政策の草創期を引っ張ってきたフロントランナーやそういう人材を支えるサポーターにカテゴライズできる方々である。そのような対策が社会で恒常化し普及していく中で必要とされるフォロワーのような人材の要素は、サンプル数の面からもより定量的な手法による分析が必要と思われるが、これは今後の研究課題としたい。

2-2-2 分析のアプローチ

インタビューを実施するにあたって、研究メンバーで研究・分析のアプローチについて議論を行った。ポイントは、本研究におけるインタビュー結果を実証主義的に分析できるかどうか、という点である。その際に参考にしたのが、ライフ・ヒストリー研究とライフ・ストーリー研究の手法の議論である。

上述の通り、今回の研究の目的は、被調査者に対するある程度共通の質問項目を用いたインタビューを通して、脱炭素・エネルギー政策分野の人材につい

て、「一般的・普遍的」な傾向を明らかにすることである。それはまさに、実証主義的なライフ・ヒストリー研究における「解釈的客観主義アプローチ」(多数のライフ・ヒストリーを収集して帰納的推論を重ねることで、それらに通底する個人主観を超えた社会的現実を見出す) に類するものと思われた (石川・西倉 [2015])。

　一方、今回ピックアップされた被調査者のほとんどは、自分自身を特別な人材として認識していないからか、自分の歴史やこれまでの活動の何が特別で重要なことなのか意識せずに話をしてくれることが多かった。そのため、我々調査者側が常に注意を払いつつ重要な事象をピックアップし、掘り下げる作業が必要になった。これは、単なる被調査者のモノローグ (独白) ではなく被調査者とわれわれ調査者によるダイアローグ (対話) を重視する、解釈主義的なライフ・ストーリー研究の手法に近いように思える。この場合、今回のような同一テーマによるライフ・ストーリー的インタビューの結果を、「多数派＝一般化」とすることができるのかどうかがポイントになる。ライフ・ストーリー研究では、調査者と被調査者の対話ややり取りにより、その場だけの「社会的現実」が構成されるため、常に何かしらのバイアスや、その時々の独自の議論が発展されるためである (大久保 [2009]; 野村 [2017])。

　もちろん、本研究は、ライフ・ストーリー (あるいはヒストリー) 研究そのものを行うことを目的としているわけではなく、この検討は単に認識論的なスタンスの議論である。そのため、インタビューそのものの手法やそれにより得た情報の整理の方法も、特にこれらの研究手法に厳密に則っているわけではないことは断っておきたい。

2-2-3　インタビューの方法と質問項目

　上述の議論から、われわれの被調査者への聞き取りは、自ずと半構造化インタビューの形で行うこととなる。完全な構造化インタビューでは被調査者の特徴的な経験やターニング・ポイントなどの重要な要素を捉えきれないし、他方、非構造化インタビューでは、ある程度の一般化の議論が難しくなる可能性があるからである。

　半構造化インタビューの場合、インタビューの組み立て方や、構造化してい

ない (事前の調査項目でない) トピックをどのタイミングでどれくらい深掘りするか、など、調査者のインタビュアーとしての能力により得られる情報に大きな差が出るため、主たるインタビュアーは社会学を専門とする研究メンバーのひとりに固定した。他のメンバーは特にポイントになる点について議論が十分でない場合のみ、追加の質問を行っている。

今回採用している質問項目は以下の通りである。上述の通り、国内外で共通の質問項目を使用している (なお、これらの項目は対話の状況によって質問の順番を変えることがある):

① 簡単な生い立ち
② 学歴 (専門分野、学位、継続教育でのトレーニングも含む)
③ 職歴 (現在の仕事に就くまでのプロセス)
④ 現在の仕事・役割
⑤ 脱炭素・エネルギー政策関連の仕事に就いた理由
⑥ 自分の役割に必要と思われる能力 (職能)
⑦ 自分の周りの人材 (企業内や外部のパートナーなど) で今必要と思う能力
⑧ 自分のスキル・能力を高めた教育・トレーニング
⑨ 自分や必要な人材が育つために必要な、教育的・社会的・制度的要素 (労働環境、人事制度、組織体制など)

今回のインタビューの目的に照らせば、主に④、⑥、⑦により、人材が有するあるいは求められる特徴を、②、③、⑤、⑧、⑨により、それらの特徴が涵養された要因を、それぞれ明らかにすることを目指している。また、①については、特に④との関係で、これまでの人生経験が現在の仕事やスキルなどに与えた影響を検討するために設定している。

2-2-4 被調査者の基礎情報

本章で検討している9名の被調査者の基礎情報を表2.1に示している。この分野で積極的に活動を展開している方々の中から、できる限りセクター、性別、年齢に偏りがないように被調査者を選定してきたが、現在活躍されている方ということでどうしても30代から50代の年齢層に固まってしまっている。これについては、上述の「政治家」グループの被調査者がいない点も含めて、今後の研究で対応していきたい。

表 **2.1** 被調査者の基礎情報 (個人情報はインタビュー当時のもの)。

	所属セクター	年齢	性別	現在の所属組織	役職
1	市民社会セクター	40代	男性	環境NPO	コーディネーター
2	市民社会セクター→企業セクター	30代	男性	地域新電力会社	専務理事
3	政府セクター→市民社会セクター	50代	男性	公益財団法人	事務局次長
4	市民社会セクター	50代	女性	環境NPO	代表
5	企業セクター→政府セクター→市民社会セクター	40代	男性	まちづくりNPO	(まちづくりNPOへの転職が決まった直後だったため未定)
6	政府セクター	40代	女性	地方自治体	課長補佐
7	市民社会セクター	50代	女性	中間支援型NPO、地域新電力会社	次長、社長
8	企業セクターおよび市民社会セクター	40代	男性	環境系コンサルタント、地域新電力会社、まちづくり会社	代表取締役
9	政府セクターおよび市民社会セクター	30代	男性	地方自治体、まちづくり系任意団体	主任主事、事務局長

2-3 インタビュー結果の分析

2時間という長時間のインタビューを9名分収集しておりそれなりの情報量ではあるものの、一般化できるほどの人数ではなく、所属セクターや組織もバラバラのため、属性別で特徴を議論することは難しい。そのためここでは、われわれが人材の検討に必須と考える5つの分析要素について、インタビュー内容の検討・整理を行なった。

分析要素1：このフィールドで働くことになったきっかけ

職業選択のきっかけは当然十人十色であるので、ここに何かしらの一般性を見出すのは不可能と思われるが、今回の被調査者全員には当てはまらないものの、複数の方々に共通した点はいくつか見受けられた。

まず、エネルギーや気候変動問題、もう少し広げて環境分野全般への興味関

心のきっかけとして、公害や福島第一原発事故といった、社会的危機のインパクトが挙げられた。また、環境分野とは直接関係ないものの社会を変革する民の力に影響されたとして、ベルリンの壁崩壊を挙げてくれた方もいた。

もう1つのインパクトは、職場の上司や自分の親、留学先の教員や活動家など、実際に社会変革をもたらしている人との出会いである。社会的危機に直面したことで得た不信感や怒りといった負の感情と、それらの課題に現場で実際に対処する人を直に感じて得た感動が入り混じって、この分野で力を尽くすモチベーションにつながっているようであった。

類似の点として、留学経験がある複数の被調査者からは、留学先で先進的な社会構造や取組みなどに触れたことで、日本社会の固定観念や常識を客観的に見ることが可能になり、それが社会変革のための学びや新たな仕事への大きなモチベーションとして機能したという回答もあった。

複数の職場を経験している被調査者は、現在の職場への転職の要因として、前の職場の働き方や方向性が自分の思いや信念と合わないこと、を挙げてくれた。公務員で環境関連部局に所属していたものの、自分がやりたいこと(=現場での実践)と実際の業務(=部内での事務仕事)とのギャップが我慢できずに、公務員を辞して別のセクターへの転職を選択した方。逆に、企業での経済優先的な行動論理が合わずに、より公共的な視点で社会貢献ができる働き方を求めて、NPOや地方自治体へ転職した方。さらに、大手の研究所で脱炭素関連の業務に就いていたものの、地域の現場とのつながりの欠如に物足りなさを感じ、環境コンサルタントとして独立した方もいた。今回の被調査者の方々は、この分野におけるフロントランナーで、自分自身で社会を変革する強い意志を有するため、自分の思いを実現する理想の働き方を求めて、その都度職場を選択してきた方が多かったようだ。

分析要素2：仕事上で必要となるスキル・知識(職能)

今回の被調査者の多くは、新たな組織の立ち上げや企画開発など、この分野のフロントランナーとして活躍されてきた。彼らからは、フロントランナーであるための要素として、事業や組織を立ち上げる強い意志、組織内部や周りの人たちを納得させるような新事業の企画力や提案力(特に相手が期待する以上

のものを提案できる力)、それを実現に移す行動力、などが共通して挙げられた。これらの「突破力」とでもいうべき要素は、組織やセクターに限らず、社会変革を実現するための共通の力として認識されていた。

このようなフロントランナーらしい強いリーダーシップの必要性が指摘された一方で、多くの被調査者から聞かれたのが、リーダーが専門能力的に最上である必要はないという意見である。むしろ、リーダーの想いを理解し支えてくれる優秀な人材をいかに集めるか、あるいは外部の人や組織についても、いかに自分と一緒に仕事がしたいと思ってもらえるか、そのような「共感を得る力」の重要性が多く指摘された。その際に気を付けていることとして、リーダー自身がその仕事を面白いと感じて楽しみながら進める、そしてそれを周りに意識的に示していくといった工夫を行なっていると答えてくれた被調査者が複数いた。

一方、自分自身がフロントランナー(リーダー)ではないと認識している被調査者の場合、リーダーを支えるためのさまざまな要素が挙げられることもあった。例えば、リーダーが道を切り拓く過程で生じるさまざまな課題にその都度対処するための対応力や適応力、そのような能力を色々な所で身につけようとする学びの姿勢やそのためのフットワークの軽さ、などである。ある被調査者はこれらの要素を端的に「トップの夢を実現する能力」と説明してくれた。

脱炭素地域づくりはそれ自体が新しい分野であり、どのセクターで活動を展開するにしても、技術的、専門的なさまざまな能力、例えば、電力の需給管理やエネルギー工学の知識、温室効果ガスの排出量計算のスキル、さらには新事業体の組織マネジメントやプロジェクト企画、ファイナンスの能力、などを結集させる必要がある。その際に必要と認識されていたのが、幅広い人脈と多様な人材を惹きつけるコミュニケーション能力である。これは上述の「共感を得る力」にも通じる能力であるが、ある被調査者は特に「聞く力」の重要性を指摘した。そこで信頼度を高めることで、いずれパートナーやサポーターとして協力してくれるようになる。これは、組織の体力が弱い地域新電力会社やNPOはもちろん、2、3年ごとに職員が異動を繰り返し担当部署に専門性が蓄積されにくい行政組織の被調査者からも同様の指摘があった。

このことは、そういう専門的な知識や技術を有する人材や組織は、すでに地

域社会に多く存在していることも示唆する。ある被調査者は、「足りていない
のは、専門的な人材ではなくて、地域脱炭素化を包括的に捉えてそこに必要な
地域人材や資源を把握し、それを有機的につないでプロジェクトなどを進めて
いく人材ではないか」と答えてくれた。欧州の専門人材へのインタビューでも
同様のことが指摘されており、ある程度の専門的知識を持ちながら地域に存在
する人材やさまざまな資源をつなぎ活用するコーディネーター的な人材の必要
性は、日欧共通の課題となっているようである。

　もう1つ、異なるセクターの被調査者が共通して挙げていたのが、ファイナ
ンスに関する力である。特に民間側の企業や市民社会セクターの場合、自分達
の思いやミッションを形にするためには、自分達だけで大きな事業を実施する
のは難しく、また社会変革を見据えた取組みの場合は、予算を伴う政策形成を
働きかけることも必要になる。このようなファイナンス関連で必要な能力とし
ては、自治体の財政に関する知識、競争的資金の情報収集やその獲得スキル、
そして上述したような人脈とコミュニケーション力、さらには、パートナーが
期待する以上のものを提示する企画・提案力、などが指摘された。

　異なるセクターでの業務を経験した複数の被調査者からは、その異なるセク
ターでの業務経験そのものが有益であるという指摘があった。複数のセクター
の組織で協働する際に、それぞれの行動原則・規範あるいは文化の違いといっ
たものが理解できるため、比較的スムーズに関係構築をはかれるということで
あった。この相互理解と尊重は、この分野に限らず協働における極めて重要な
要素の1つであるが、カーボン・ニュートラルといった新たな社会的価値観に
より多くのアクターを巻き込む必要があるこの分野においては、この経験を有
する人材は、セクター間の流動性が未だ低い日本においては、特に貴重な存在
となっていると思われる。

　最後に、これは被調査者から聞かれたことではなく、われわれが調査を通じ
て感じた共通要素であるが、業務や個人的なミッションに必要となる、新たな
知識やスキルを積極的に身につけようとする「向上心」が挙げられる。その学
びの方法は後述の通りさまざまであるが、気候変動という課題の変化が激しく
常に新しい知識が必要とされる分野においては、これは特に重要な要素と考え
られる。

分析要素3：知識やスキルを得た方法

　ほぼ全ての被調査者の回答が、知識やスキルはそれらが必要になった際に、その都度業務での経験を通して身につけてきた、ということであった。ただ、彼ら自身がフロントランナーのため、同じ職場の先輩たち（そもそもいないことも多いが）から、必要なスキルを学ぶことには限界がある。外部の組織や個人に師事する、教育・研修プログラムやセミナーなどで学ぶ、大学研究者との共同研究プロジェクトに参加して国内外の先進事例を収集する、などして、その時々に必要な情報を自ら探し求める。政府セクターで勤務する被調査者は、業務だけでは社会貢献という欲求が十分に満たされないために、まちづくり団体など多くの地域活動に参加しており、そのような仕事以外の組織やイベントでの経験から、コミュニケーション力や、人脈、ネットワーキング、などの能力を得ていた。別の被調査者は、そのような労力を厭わない行動力や積極性、新たな価値観を受け入れる柔軟性も、必要な能力として挙げくれた。

　また、補助金の申請や法令・制度に沿った事業企画といった能力は、自らが何度も挑戦し経験を積み上げることで、現場で実際に使えるスキルとして身に付く、という回答があった。外から一方向に入ってきた知識はなかなか身に付かない。時には失敗したり誰かとぶつかり合ったりする中で、自分なりに考え工夫することで初めて身に付く知識やスキルこそが重要になる、ということであった。

　われわれの研究プロジェクトでは、知識やスキルの習得方法として、教育の役割が重要であろうと考え注目してきたが、今回のインタビュー結果に限って言えば、大学や大学院などで学んだ内容自体は、それほど実際の仕事に役立っていない。そもそも9名のうち3名は、このフィールドにほぼ関連性がない文学系学部（哲学や語学）の出身であった。また、環境工学を専攻した被調査者からは、「工学部で技術的な知識だけ持って企業に入っても営業や企画では通用しない」という回答があった。

　一方で、学部で農学、大学院で環境経済学を専攻した被調査者は、具体的な知識ではないかもしれないが、現場で環境問題を考える際の「勘所」のようなものは、大学での学びが活きているという感覚を持っていた。また、海外の大学の環境学部への留学経験がある被調査者も、現地での講義が実社会の課題に

直結していることが多かったため、知識ももちろんだが、その知識を通した社会課題の考え方やものの見方の方が、現在の仕事には役立っていると答えてくれた。

分析要素4：人材の活躍を支える要素

これまでみてきたように、被調査者は自身の挑戦に応じて、さまざまな経験やトレーニングを駆使しながら自分のキャパシティを高めてきた。その弛まぬ努力が現在のフロントランナーとしての活躍に繋がっているのは間違いないが、一方で、彼らのような人材が必要となっている、あるいはそういう人材を支えている社会的・制度的状況も、外部要素として検討する必要があることも明らかになった。

まず、必要となっている状況については、やはり国際社会における気候変動対策への意識と取組みの高まりが挙げられた。日本国内の要素として直接的なインパクトであったのが、1997年に京都で開催された気候変動枠組条約第3回締約国会議 (COP3) である。それまでぼんやりと環境関連のテーマとして認識されていた気候変動問題が、これを機にはっきりと国内でも主要課題の1つとして認識された。それ以後も、2015年のパリ協定の締結やSDGs (ゴール13が「気候変動に具体的な対策を」として設定されている) の広まりなど、気候変動対策はもはや人間社会の最重要課題の1つとなっており、彼らのような人材の必要性はどのセクターにおいてもかなり認識されている。

このような社会状況に合わせて、国内でも国・地方自治体レベルに限らず、関連するさまざまな戦略 (国の2050年カーボン・ニュートラル宣言や自治体のゼロ・カーボン・シティ宣言など) や法律 (地球温暖化対策推進法や環境教育推進法など)、条例 (地球温暖化防止条例やまちづくり基本条例など) が、策定およびアップデートされてきた。先進的な自治体では、被調査者のような人材が所属するNPOや事業体を、利害関係者や対等なパートナーとして条例などでしっかりと位置付けるところも出始めている。そういった制度的枠組みが、官民協働や新たな取組みの展開の際に大きなサポートやモチベーションになると複数の被調査者が指摘してくれた。実際に、行政側からそのような制度づくりや事業の企画・実践への協力依頼も増えているとのことであった。

また、これは留学や海外調査の経験がある被調査者からの指摘だが、ドイツなど欧州諸国では、社会人向けのトレーニングや資格制度が発達しており、それらを有効に活用することで、気候変動のような新たな社会ニーズに合わせて、自身のスキルをアップデートすることが可能になっている（第10章を参照）。一方、このような社会的な制度とは少々異なるが、日本の先進的な自治体の中には、特に職員のスキルアップに積極的で、研修に関する予算をしっかり確保し、庁外の視察や研修プログラムに積極的に活用することが奨励されているところもある。

このような制度的サポートとともに、複数から指摘があったのが、同じ分野で活躍する人材（セクターが異なる人材も含む）のネットワークである。常に新しい取組みや挑戦が必要になる分野のため、お互いの知識や経験、情報を共有しながら助け合いつつ活動を展開していくことが欠かせないようだ。そのような繋がりは、情報やスキル面のみならず、精神的なサポートとしても寄与しているとのことであった。

また、政府セクターの被調査者からは、支えとして「市民」が挙げられた。これは民主的なガバナンスの意識が高い先進的な自治体だからこその回答で、特に気候変動対策など、制度や政策の開発および実践に、市民や事業者の理解とサポートが欠かせない分野では、ある意味妥当な回答ではある。ただ、この指摘を行えるからこそ、その被調査者が政府セクターにおける有能な人材として機能している理由でもあるように思われる。

分析要素5：これから必要となる人材とその特徴

上述の通り、脱炭素・エネルギー政策は、今後国レベルでも地方自治体レベルでも当たり前に取り組まなくてはいけない課題となる。その意味で、これまで道を切り開いてきた今回の被調査者とは異なる、あるいはそれらに加えた能力や人材の特徴が必要となることが考えられる。もちろん、職種によって必要となる具体的なスキルは異なるが（例えば、地域新電力では、電気工事業の能力など）、被調査者の回答からは、いくつか共通の課題が提起された。そのうちの1つが地方自治体のキャパシティに関するものである。

セクターに限らず複数の被調査者から、地域レベルでゼロ・カーボン・シ

ティの挑戦を進めるために、自治体職員の知識や能力の向上の必要性が指摘された。官民の協働による制度設計や事業実施が次第に増加しているとはいえ、実際の政策の内容を作成するのは、政治家でも専門知識を有するNPOでもなく、自治体職員である。外部の協力を得ること自体は問題ないが、それにしても脱炭素政策を進める際の最低限の知識や自治体に求められる役割、特に自治体が苦手とする中長期的な視点での戦略づくりなどに対する理解は必要になる。そういった点が特に地方の自治体では不足していることが指摘された。

　このことは、自治体職員の定期的な異動の慣習と関係がある。一部の例外を除いて、自治体職員は2、3年ごとに異動があるため、業務上の経験や知識を十分に活かすことが難しい。その人材が所属した部署としても、職員の経験や外部パートナーとの間で培ってきた関係性が途切れることになり、ノウハウが蓄積されない問題がある。欧州諸国では、行政職員は基本的には専門職で仕事内容に応じて雇用されるため、異動もなくこのような問題はあまり聞かれない。日本の自治体においても近年、環境職という専門職での雇用が見られるようになってきたが、普及はこれからである。行政職員の雇用形態としてどちらが良いというのは一概にはいえないが、少なくとも技術的専門性や外部パートナーとの連携による政策開発・実践を行うこの分野においては、専門職としての雇用が望まれることが多いようである。

　あと、これは人材の特徴というよりもその労働環境の話になるが、NPOなど市民社会セクターの組織や新しい地域新電力会社などは、人材が定着しにくいという問題がある。これまで指摘してきたように、この分野での仕事は増えてきてはいるが、小規模な事業や短期的な委託業務などが多く、これからこの分野を担う若手の人材が、労働条件面が足枷になり定着できない状況にある。日本では、人材育成費や人件費の中長期的な確保、言い換えれば、人的基盤や知的基盤の重要性についての認識が、政府セクターや資金提供側に乏しいと言わざるを得ない。これはオーストリアなど欧州の先進諸国とは大きく異なる点であり、今後のカーボン・ニュートラル社会への挑戦に必要な人材の確保のために、解決すべき喫緊の課題である。

2-4　おわりに

　以上、脱炭素地域づくり分野の人材の特徴を検討してきたが、第2-3節でも紹介した通り、多くの被調査者の共通した認識が、結局のところ専門的な知識やスキルは、それらが必要になった際に現場の経験も含めてその都度学べばなんとかなる、ということであった。実際に、フロントランナーたちはそのようにして自分のキャパシティを高め、道を切り拓いてきた。ただ、これから脱炭素政策が普及期に入っていく中で、そのための人材の特徴やその育成方法もこれまでとは異なることは十分に考えられる。この点は、今後も引き続き重要な研究テーマとなる。

　もう1つ、ほぼ全員が最も重要な要素として回答してくれたのが、コミュニケーション能力であった。政府セクターで勤務する被調査者のひとりは「コミュニケーション能力があれば、他はなくても大丈夫」とまで言い切っている。気候変動対策は、われわれの日々の生活や経済活動など社会のありようを根本から変革することが求められる。そのためには、いかに自分たちの政策や事業に「味方」を作っていくかにかかっており、だからこそのコミュニケーション能力、ということである。

　本章では、脱炭素地域づくりにおける人材が有する人材の特徴とその育成要素を、これまで実施してきた半構造化インタビューの結果をもとに検討したが、当初の想像以上に特徴が多様であったことは興味深い発見であった。また、育成要素としての大学教育の貢献が限定的であること、現場での実践を通した経験により能力を高めていること、フォーマル教育以外のさまざまな研修やイベントなどを通して学びを得ていること、コミュニケーション能力が極めて重要な専門スキルと捉えられていること、などは、日本の被調査者に限らず、欧州の先進地域の専門人材からも頻繁に聞かれた共通の要素である（第3章を参照）。これらからは、このような専門人材を戦略的・制度的に育成することの難しさが感じられるが、少なくとも、脱炭素・エネルギー政策分野における情報やスキルに関する継続教育プログラムの充実や、専門人材が活躍できる業種や職種の確保、現場でのステイクホルダーのコミュニケーションやネットワークを促す事業やイベントなどの増加、といった要素は、これからの持続可能な

脱炭素地域社会への挑戦に向けた取組みとして必要なポイントであると考えられる。

■参考文献

大久保孝治 [2009]、『ライフヒストリー分析:質的調査入門』、学文社。

石川良子・西倉実季 [2015]、「序章 ライフストーリー研究に何ができるか」、桜井厚・石川良子編、『ライフストーリー研究に何ができるか：対話的構築主義の批判的継承』、新曜社。

野村康 [2017]、『社会科学の考え方：認識論、リサーチ・デザイン、手法』、名古屋大学出版会。

注 本章は、的場信敬・平岡俊一 [2022]、「エネルギー・ガバナンスを支える人材の共通要素の検討」『社会科学研究年報』、52、pp.1-7、に被調査者のデータを追加し、大幅に加筆修正したものである。

(的場信敬・平岡俊一)

第 3 章
欧州の脱炭素地域づくり分野における
専門人材の職能とその獲得・強化

3-1　本章の目的

　第 2 章では日本国内の専門人材について取り上げたが、本章では、欧州で特に筆者らが継続的に調査を行ってきたオーストリアならびに補足的に隣国のドイツの地域・自治体で活躍している専門人材について同様の視点から見ていくことにする。

　オーストリアは、長年にわたり脱炭素・エネルギー (以下、脱炭素) 政策が活発に推進され、欧州でも屈指の再生可能エネルギー (以下、再エネ) 大国になっているが、地域レベルでも関連政策・事業を活発に展開する事例が多く見られる (的場・平岡・上園編 [2021])。そして、こうした地域での取組みにおいては、行政組織だけでなく、事業推進の実働役である自治体公社やエネルギー協同組合、さらにそれらの諸主体を支援する中間支援組織「エネルギー・エージェンシー (Energy Agency)」などの多様な主体が関与しており (平岡 [2023])、地域・自治体において同政策分野に関連する仕事に従事している専門人材の数は、詳しくは後述するように日本と比べて多い状況にある。

　本章では、そうした欧州の地域の現場において活躍している専門人材がこれまでの仕事等の経験を通じてどのような職能を重要と考えるようになったのか、そして、それらの職能はどのように獲得・強化していったのか、といった

ことについて明らかにしていく。欧州での調査についても基本的には国内と同じ手法を用いた。具体的には、自治体の行政組織で脱炭素政策を担当している職員ならびにエネルギー・エージェンシーで地域・自治体に対する支援事業に従事している職員を対象にして、主に、①現在の業務の主な内容、②現職に就くまでの経歴、③業務を実施していく上で重要と考えているスキル・知識・姿勢などの「職能」、④職能を獲得・強化していったプロセスや手法、などについて質問していく半構造化インタビューを行った[1]。

　本章で調査結果を主に紹介するのは、オーストリア国内で勤務する4名の専門人材 (基礎自治体の職員2名、エネルギー・エージェンシー職員2名) だが、それに追加して、同国ならびにドイツの自治体とエネルギー・エージェンシーにおいて別のテーマのインタビュー調査を行った際にも担当職員に対して短時間だが上記と同じ質問をしたので、そこで得られた知見についても補完的に取り上げる。

3-2　オーストリアでの脱炭素地域づくりの概要

　本論に入る前に、まず本章で取り上げる人材の多くが仕事に従事しているオーストリアの脱炭素政策の概要・特徴について紹介する[2]。なお、ドイツの同政策等の概要については省略するが、オーストリアと同じ連邦制をとっており、地域・自治体レベルでの行政組織やエネルギー・エージェンシーの体制、実施している政策・事業等の内容にはオーストリアとの間で共通性が高い。

　オーストリアは、人口約900万人と国の規模は小さいが、その中に9つの州が存在し、各州が独自の政策を展開する連邦共和制をとっている。日本と比較すると人口は10分の1以下だが、基礎自治体 (以下、自治体) の数は約2,100と上回っている。自治体の平均人口は約3,000人で、山間部では数百人台という規模の自治体も多数存在している。

　国土の約6割が山岳、約5割が森林で占められており、それを活かした水力発電導入やバイオマス (特に熱) 利用が長年積極的に進められてきた。現在オー

---

[1]インタビューは、一人当たりドイツ語の通訳を挟んで概ね2時間程度で実施した。

[2]オーストリアにおける気候エネルギー政策については、的場・平岡・上園編 [2021] で詳しく紹介している。

ストリアは、電力の約8割、一次エネルギーの約3割を再エネによって賄っている。連邦政府(国)は2040年までに脱炭素化(二酸化炭素排出の収支ゼロ)を目指すという、EUよりもさらに10年前倒しした目標を設定し、脱炭素政策を展開している。そして、自治体レベルでも「脱炭素」、「エネルギー自立」(自治体内において消費する量以上のエネルギーを再エネで生産)といった野心的な目標を設定し、活発に関連政策・事業を展開している事例が多数見られる。

　そうした取組みを推進する自治体の行政組織の体制について見ていくと、概ねになるが、筆者らが訪問した自治体では、人口3～5万人程度以上の規模になると、脱炭素政策を担当する専門の部署を設置、もしくは主に環境や都市計画系の部署に専門の担当職員が配置されている場合が多かった。ただし、専門部署が置かれている自治体でも、所属する職員数は概ね2～5名程度と少人数である。なお、日本の自治体の行政職員との大きな違いとして、これらの担当職員はいずれも他部署への異動が基本的にない専門職として勤務している。一方で、人口1万人以下の規模の自治体になると専門の担当部署が置かれている例はほとんど見られなかった。それらの自治体では、行政職員の数は数十人程度と少数であるため、建築や農林業などを担当している職員が兼務の形で同政策を担当しているという場合が多い。

　オーストリアの連邦政府は、小規模自治体での脱炭素政策を活発化させるために各種の支援プログラムを実施している。その1つである「気候エネルギーモデル地域」("Klima- und Energie-Modellregionen"、略称KEM)は、複数の小規模自治体(3自治体以上、合計人口6万人まで)が連携して同政策の計画を作成、事業を実施することに対して財政支援を行うものである。2020年時点で全国95地域(820自治体)が参加している。KEMの実施にあたっては、自治体・関係主体間の調整や進行管理などを担当する人材「気候エネルギー・マネージャー」を雇用・配置することが重視されており、そのための人件費も用意されている。なお、ドイツでも、単独の自治体ごとになるが、同様の業務を担当する専門人材「気候保護マネージャー」を雇用する人件費を連邦政府が一定期間負担する制度が実施されている。

　行政組織以外の脱炭素政策の担い手としては、例えば自治体公社(Stadtwerke、シュタットベルケ)があげられる。自治体が100％出資もしくは複数の自治体

や企業等の出資によって設立されている事業組織で、オーストリア国内には約40の公社が存在している。自治体によって公社の実施事業はさまざまだが、エネルギー、公共交通、上下水道、福祉事業、通信、住宅など、多様な公共サービスを担っている。脱炭素政策に積極的な姿勢を有する自治体の公社では、自治体が設定した目標・戦略を踏まえて再エネ導入を積極的に推進している例が多く見られる。

　もう1つの重要な担い手として、自治体の脱炭素政策・事業を支援する中間支援組織エネルギー・エージェンシーの存在があげられる。エネルギー・エージェンシーはEUが主導する形で欧州各地で整備が進められてきた組織だが、オーストリアでは主に州の単位に設置されている。同政策の支援を専門にしている民間非営利組織、地域政策全般を扱うシンクタンクの一部門、州政府内の一部門、など組織形態は多様だが、州政府が設立に深く関与し、財源の一定割合を継続的に負担している、という点は各州とも概ね共通している。

　筆者が確認したところ、同国内の8州に関連する組織が設置されている。住民、企業など地域の諸主体のエネルギー対策に対して助言、情報提供などを行っているが、特に自治体への支援が重要分野と位置付けられており、地域内の基礎自治体等に専門職員を派遣し、計画策定から政策実施、評価までの一連のプロセスに伴走し、きめ細かい支援活動を盛んに実施している。州によって雇用されている職員数には幅があるが、概ね20～30人程度という組織が多く、もっとも多いフォアアールベルク州（人口約40万人）の「エネルギー研究所フォアアールベルク（Energieinstitut Vorarlberg）」では約50名の専従職員が在籍している。

　それに対して隣国のドイツは、州によって状況は異なるが、オーストリアと比べると人口規模の大きな州が多いことなども関係して、州レベルだけでなく、郡や基礎自治体などのレベルでもエージェンシーの整備が進められている例も少なくない。例えば、筆者らが2023年に調査を行ったバーデン＝ヴュルテンベルク州（人口約1,100万人）では州エージェンシーに加えて全ての郡・独立市（一定規模以上の都市自治体）にエネルギー・エージェンシーが設置されている（計32組織）。州内の各エージェンシーで雇用されている職員を合計すると2023年時点で約280人となっている（平岡 [2024]）。

これらから、オーストリア、ドイツでは、地域・自治体レベルでの脱炭素政策に関わる専門組織とそこでの諸業務に従事している専門人材が日本と比べて多数存在していると理解することができる。

3-3　調査対象者の業務内容と経歴

筆者らがこれまでにライフ・ストーリー調査を主目的にインタビューを行ったオーストリアの4名(基礎自治体の職員2名、エネルギー・エージェンシー職員2名)の人物の業務内容や経歴の概要を紹介する(表3.1)。なお、先述したように補完的な形でインタビューを行った人物の経歴等については表3.2に記載している。

A氏(女性)

- インタビュー実施時期：2023年1月
- 現職：B市役所気候エネルギー政策担当部署(管理職)
- 仕事の内容

オーストリア西部にある基礎自治体B市(人口約3万人)の脱炭素政策担当部署で管理職として勤務している。勤務歴は、(インタビュー実施時点で)3年になる。同課の職員は、A氏をあわせて2名であり、A氏は再エネ、特に太陽光発電の拡大・普及を主に担当しているが、B市は自治体公社も有し、脱炭素政策を積極的に展開しているため、他にも多数の関連プロジェクト、調査などの業務に従事している。なお、具体的な再エネ導入事業等の多くは、空間計画、建築など市の他部署や自治体公社が担当しており、A氏の所属部署は全体ならびに組織間をコーディネートすることが主な役割になっている。基本的に他部署への異動はない雇用形態になっている。

- これまでの経歴

A氏はドイツ出身で同国内で教育を受けた。高校卒業後、建築関係の職業教育を受け、いくつかの仕事を経験した後に大学に進学し、建築学について学んだ。大学卒業後、さらに北欧での留学を経験した後、オーストリア国内の建築設計事務所に就職した。そこで4年ほど仕事をした後、出産して2年間育児休暇をとった。また、その間に配偶者の仕事の関係で現在居住するオーストリア

表 3.1　インタビュー調査対象者の基本情報。

	A氏	E氏	G氏	I氏
性別	女性	男性	女性	女性
現職	基礎自治体脱炭素政策部門・職員(管理職)	基礎自治体建築部門・職員	エネルギー・エージェンシー自治体支援部門・職員	エネルギー・エージェンシー自治体支援部門・職員(管理職)
現職の勤務年数	3年	24年	13年	8年
大学・高等教育機関等で受けた教育内容	建築関係	電気関係	ランドスケープ関係	教育関係(大学)・エネルギー関係(大学院)
職歴	建築設計事務所→育児に専念→エネルギー・エージェンシー→現職	民間企業(建築用機材のオペレーター)→現職	地域振興系団体→観光系団体→育児に専念→現職	現職
職能	● このテーマに興味をもち、新しい情報を仕入れる ● 関連分野の総合的な情報をもつ(専門家である必要はない) ● 専門家とつながる ● 好奇心、創造性 ● 異なる関心をもつ人々をつなげる、引き出す	● 電気に関する知識 ● コミュニケーション ● さまざまな人を巻き込む ● 好奇心	● エネルギーと気候変動に関する基礎知識。しかし、詳しく知っておく必要はない(不可能) ● 各分野の専門家がどこにいるか把握している ● よいネットワークをもっている ● コミュニケーション能力 ● 長期的・戦略的に取り組める	● プログラム開発のための創造性 ● さまざまな人と関わる仕事に楽しみを感じる ● 特定の分野の専門性 ● コミュニケーション能力 ● 協働
職能の獲得	● 仕事を通じた経験 ● 継続教育 ● 地域でのボランティア活動	● 継続教育 ● 自治体職員やエネルギー・アドバイザーの交流会に積極的に参加	● 実践を通じて学ぶ ● 学び、イノベーション、協働の文化のある職場で働いてきたこと ● 継続教育	● 現場での経験の積み重ね ● 大学での学び、海外を旅したこと ● 継続教育
その他	ドイツ出身。前職時代に自治体議会の議員を務める	副業でエネルギー・アドバイザーを務める		教員免許を所持

表 **3.2** インタビュー調査対象者の基本情報 (簡易調査のみ)。

	J氏	K氏	L氏	M氏	N氏	O氏
性別	女性	女性	男性	男性	男性	女性
国	オーストリア	オーストリア	ドイツ	ドイツ	ドイツ	ドイツ
現職の勤務年数	8年	10年	32年	――	――	15年
現職	エネルギー・エージェンシー職員	エネルギー・エージェンシー職員	基礎自治体脱炭素政策部門・職員 (管理職)	エネルギー・エージェンシー職員	エネルギー・エージェンシー職員	エネルギー・エージェンシー職員 (管理職)
大学・高等教育機関等で受けた教育内容	芸術学	建築関係	農学	情報工学	経済学 (大学)、政策学 (大学院)	建築関係
職歴	再生可能エネルギー専門の電力会社 → 現職	不動産・住宅販売会社 → エネルギー・アドバイザー → 現職	現職 (担当：廃棄物 → 自然保護 → 気候エネルギー)	市民団体 → 現職	民間企業 (水供給関係)→ 大学院 → 現職	民間企業 (建築関係)→ 自治体職員 (建築部門)→ 現職
職能	● 異分野の統合 ● さまざまな主体と話せる ● 技術用語を訳せる	● このテーマに熱意をもって取り組めること ● フレキシブルに対応できること	● モチベーション、熱意、持続力 ● 常にアンテナをはっておく	● 技術的な知識も必要だが、政治関係者等に情報・メッセージを戦略的に伝える力が重要	● 基本的な技術 (エネルギー関係) に関する知識は必要 ● オールラウンダーになること ● これから必要になるのは、コミュニケーション、広報	● コミュニケーション、対話 ● 分野横断的に関われる ● モチベーションが高い
職能の獲得	● 継続教育 (受講する内容は自分で決められる)	● 継続教育 (勤務先の組織では、全職員がエネルギー・アドバイザーの教育プログラムを受講していることが求められている)	● 外部の会議などに出る。さまざまな教育プログラムを受講する		● 交流会、ネットワークへの参加	● 継続教育を受講
その他	ドイツ出身。現在は継続教育で「チェンジ・マネジメント」について学んでいる	エネルギー・アドバイザーの教育を受けた経験あり		継続教育でコミュニケーション、エネルギー・アドバイザー、地域熱供給などを学ぶ		現職には組織設立時から勤務

のC州に移住した。

移住後、育児のためにパートタイムの仕事を探していた間に、居住するC州のエネルギー・エージェンシーCが主催するエネルギー・アドバイザーの養成講座を受講したところ、講座担当者からこの組織で働かないかと誘われ、就職することになった。

その後、エネルギー・エージェンシーCのパートタイム職員 (勤務時間がフルタイムの50%) として7年間勤務した。その間に再エネや持続可能な建材などについて深く学ぶことができた。また、この期間に仕事と並行して、自身が住む基礎自治体の議会議員 (ボランティア) も務めた。

エネルギー・エージェンシーCでの仕事を通じて、州内のさまざまな人物と知り合うことができたが、その中に現在勤務するB市の気候エネルギー政策担当の部長職の人物がいて、彼から市役所で働かないかと誘われ、転職することになった。転職した理由は、前職では事業を行う組織等に対する支援が中心で、自らが事業を行うことはなかったため、政策・事業に直接的に関わってみたいと考えたからである。なお、現在もパートタイム (75%) の形態で勤務している。

E氏 (男性)

- インタビュー実施時期：2023年3月
- 現職：F村役場建築部門 職員
- 仕事の内容

E氏は、同国西部にある基礎自治体F村役場 (人口約1,000人) で建築部門の担当職員として勤務している。主な仕事は、自治体所有の施設管理、民間の建築物の許認可、新たな開発・建築プロジェクトなどで、それに関連する形で脱炭素政策も担当している。少人数の職員しかいないので、多様な業務を担当している。技術系の仕事がもともとの専門だが、F村では、住民参加型で脱炭素政策を活発に展開しており、そのコーディネート・マネジメント等の業務も担当している。

また、副業でエネルギー・アドバイザーとしての仕事をしており、州内の企業等で診断・アドバイスを行っている。この副業によって、村役場以外のさま

ざまな組織・仕事を知り、視野を広げることができるとともに、気候エネルギー政策に関する人脈を形成することにつながっている。

- これまでの経歴

E氏はF村の出身で、近隣の村にある学校で電気技師としての職業教育を受けた後、建築用機材のオペレーターとして9年間にわたり国内外各地で仕事をしていた。その後、当時のF村の村長からの誘いで現在の仕事に転職し、以降24年間にわたり上記の業務を担当し続けている。

転職後すぐに、職場の指示でエネルギー・エージェンシーCが開催しているエネルギー・アドバイザー養成講座を受講することになる。これがきっかけで気候エネルギー政策・事業への関心を強くもつようになり、それ以降、F村において同政策を積極的に展開するようになる。また、現在も各種の気候エネルギー関係の講座を積極的に受講している。

G氏(女性)

- インタビュー実施時期：2023年1月
- 現職：エネルギー・エージェンシーC自治体支援部門 職員
- 仕事の内容

G氏は、オーストリア国内のエネルギー・エージェンシーCでフルタイムの職員として勤務している。G氏は自治体支援部門に所属し、州内のH地域で実施されている気候エネルギーモデル地域(KEM)の事業推進を主な担当業務(気候エネルギー・マネージャー)としている。仕事の内容は、地域で実施するプロジェクトの企画・立案から進行管理、助成金の申請・報告、事務作業まで多岐にわたる。特に、KEMに参加している各自治体の代表者で構成される推進組織での議論の進行・調整、地域内外への広報、専門家の巻き込み、などに時間をかけている。実施しているプロジェクトの内容も、交通から農業、食、建築、生活など多様である。

- これまでの経歴

G氏は、高校卒業後、ドイツの大学でランドスケープを学んだ。その後、同国の地域振興系の団体で勤務し、農村のリニューアル事業などを担当した。次に観光分野の団体で5年間働いた後、オーストリアのC州に引っ越してきた。2

人の子どもの子育てをしながら通信教育で経済学について学び、その後、2010年に現職のエネルギー・エージェンシー C に就職し、以来一貫して KEM マネージャーの仕事を担当してきた。

I 氏 (女性)

- インタビュー実施時期：2023 年 3 月
- 現職：エネルギー・エージェンシー C 教育部門 職員
- 仕事の内容

　G 氏と同じエネルギー・エージェンシー C でパートタイム (60%) の職員として勤務している。教育部門の管理職 (責任者) を務めており、部門のマネジメントのほか、新しい教育プログラムの開発などを担当している。C では、子ども・若者向けから社会人 (自治体職員、企業、建築業関係者) 向けまで多様な教育プログラムの開発・実施を行っており、I 氏が所属する教育部門では、主に子ども・若者向け、自治体職員向けのプログラムを担当している。なお、同部門に所属する職員 (6 名) は全員女性かつパートタイム型で勤務している。

- これまでの経歴

　I 氏は、エネルギー・エージェンシー C のオフィスがある自治体の出身で、高校卒業後にウィーンの大学に進学して教育学を学び、高校の教員免許を取得した。その後、さらに大学院に進学したが、そこでは持続可能なエネルギーについて研究し、修士号を取得した。大学院修了後は北米に 1 年間留学し、英語の勉強をした。

　その後、教員になるための準備をしていたが、その間に、学生時代にエネルギー・エージェンシー C でアルバイトとして働いていた縁で同組織から誘われ、就職することにした。当初は自治体支援部門に所属し、州内の基礎自治体への支援活動を担当していたが、大学で教育学を学び、教員免許を有しているということもあって教育部門の仕事を手伝うことが多く、5 年前から正式に同部門に移った。就職当初はフルタイム型で勤務していたが、出産後、育児のためにパートタイム型の勤務形態に転換した。

3-4 脱炭素地域づくり分野における職能

　今回紹介した調査対象者は、政策企画・進行管理、行政組織内ならびに地域主体間の調整・コーディネート、自治体支援、教育プログラムの企画・実施など、多様な業務に従事しており、また、現職までの間にさまざまな経歴を経ていることなどが分かる。以下では、これらの専門人材たちが、脱炭素政策に関わる仕事を進めていく上で重要と考えている職能について整理していく。

　筆者らからの、仕事を行う上でどのようなスキル・知識・姿勢が重要と考えているか？　という質問に対して調査対象者からは多様な回答があったが、上記の4人全員が共通して指摘したのが「コミュニケーション能力」であった（簡易調査においても同様の回答が多く聞かれた）。具体的には、「この分野での取組みには多様な背景・関心を有する人が集まり、議論や作業を行うので、それらの人々から信頼を得たり、人から話を聞いて考えやアイデアを引き出したりすることが重要になる」といった理由からである。関連することとして、その他にも「この仕事では気候変動、エネルギーに関する幅広い知識を有することが求められるが、全てについて深く把握しておく必要はない。各分野には専門家がいるので、どこにどういう人がいるのかということを把握しておき、必要になった際は専門家に話をつなげる、協力を得る力が重要」（A氏、G氏）、「異なる関心を有する人々をつなげる、そこから引き出す」（A氏）、「さまざまな人を巻き込む」（E氏）、「協働・人間関係が大事」（I氏）、「異分野の統合」（J氏）、などの回答も聞かれた。

　これらからオーストリアやドイツの専門人材の間では、脱炭素政策分野の職能として、調査対象者から具体的に指摘のあった「コミュニケーション」に加えて、「ネットワーク形成」、「コーディネート」といった能力が重視されていると捉えることができる。脱炭素政策は、都市計画・交通、農林業、産業、教育など多様な地域政策分野が関係するため、A氏の業務内容からも分かる通り、自治体の脱炭素政策担当職員の仕事は政策の進行管理とともに関係する組織間の調整がメインになっている。そのため同政策分野で従事する人材には、多様な主体の巻き込み、主体間の仲介や調整、さらには議論などの合意形成の促進、といったような取組みに関連する職能を有することが求められている、

と理解することができる。

　その他には、職能と言うよりも基本的な仕事に向かう姿勢と言えるが、「このテーマについてそもそも興味があること、熱意・モチベーションをもって取り組めること」(A氏、K氏、L氏、O氏) という意見も見られた。さらに、「新しいことを始めることに対する積極的な姿勢・好奇心があること」(A氏、E氏)、「プログラム開発などを行うための創造性を有すること」(A氏、G氏)、といった指摘もあった。

　脱炭素政策は比較的新しい政策分野ということもあり、その推進に携わる業務では、ルーティン的な仕事をこなすだけではなく、新規に政策・事業を企画したり、具体化させたりすることができる能力も求められる、と考えることができる。

3-5　職能の獲得・強化

　次に、上記のような専門人材の職能は、どのように獲得・強化されていったものなのか、引き続きインタビュー調査の回答内容から検討していきたい。調査対象者の経歴を改めて見返すと、オーストリア、ドイツでも脱炭素政策は新しい分野ということもあるが、調査対象者が大学等で学んでいる内容は多様であり、現時点では、技術系の業務に従事している人物を除くと、必ずしも高等教育で学んだことと仕事の内容が直結しているわけではないようである。ただし、「脱炭素政策に関する基礎的な関心や知識は学校で得た」(A氏)、「大学でランドスケープを学んだことを通じて自然環境などに関する関心・意識をもつようになった」(G氏) といったように、直接的ではないものの、気候変動・エネルギー問題、持続可能性などに対して関心をもつきっかけや基本的な考え方・姿勢などを獲得する面においては、学校・大学等での学びが一定の役割を果たしていると考えることができる。

　そして、調査対象者のほぼ全員が重要と指摘していたのが、学校・大学卒業後も仕事の内容に関連する事柄について継続的に学び続ける「継続教育」である。今回の調査対象者が在籍しているいずれの職場においても、職員に対して業務に関連する知見、ノウハウ等を学ぶ各種教育プログラムの積極的な受講が推奨されており、例えば、自治体職員のA氏は、平均月4～8時間の教育を受

けているが、同氏が所属する部署では受講する継続教育プログラムは自分で選択できるようになっている。また、教育プログラムの受講は仕事の時間内に受けることが認められていて、受講料も雇用主である市役所が負担している。A氏が受講しているのは、自治体職員向けの脱炭素政策に関する教育プログラムがメインとのことである。

　G氏、I氏が所属するエネルギー・エージェンシーＣでは、雇用条件の中に一定の枠内で継続教育を受けられることが明記されている。受講する教育プログラムの内容は自分で決められるようになっているが、部門によっては、所属している職員間で受講する教育プログラムを協議した上で決定している場合もあるとのことである。エネルギー・エージェンシーＣでも教育プログラムは仕事の時間内に受講し、費用は職場が負担している。G氏はこれまでにコミュニケーションやプレゼンテーションに関するプログラムなどを受講してきたそうである。なお、エネルギー・エージェンシーＣでは、長期間仕事を休み、大学・大学院等で教育を受ける制度も存在している[3]。加えてＧ氏は、気候エネルギー・マネージャーを務めているが、こちらは資金を提供している連邦政府が設定したルールにより、1年に4日間、同マネージャーを対象にした教育プログラム兼交流会に参加することが義務付けられている。

　調査対象者らが受講している教育プログラムの内容については、コミュニケーション(ファシリテーション)、プレゼンテーション、広報、事業等のプロセスマネジメント、チェンジ・マネジメント、エネルギー・アドバイザー養成プログラムなど多岐にわたるものが聞かれた。現在、こうした専門人材向けの継続教育プログラムは、国や自治体連合組織、経済団体(商工会議所)など多様な機関によって実施されているが、エネルギー・エージェンシー自身も、Ｃのように専門の部門を設けて、地元地域の主体向けに多数の教育プログラムを企画・実施している。例えばエネルギー・エージェンシーＣでは、エネルギー・アドバイザー養成講座(オーストリア全体で統一のプログラム、基準にもとづいて実施)、自治体職員向け(脱炭素政策全般、交通、公共施設管理担当者向けの3コース)、建築業者向け、企業の施設管理担当者向け、幼稚園・学校教員向

---

[3]ただし、Ｇ氏によると、その間は給与が減額されることなどもあり、利用者はそれほど多くないとのことである。

け、などのプログラムを実施している。

　以上から両国では、専門性、職能を高めるために働き出してからもさまざまな教育を受けることができる機会・環境が整備されていると捉えられる。

　また、F村役場職員のE氏によれば、オーストリア国内では、脱炭素政策を担当する自治体職員や民間のエネルギー・アドバイザーなどを対象にした交流・情報交換会が盛んに開催されているとのことである。E氏はそうした会合に積極的に参加しているが、職場・地域外の動きを把握したり、共通の関心をもち各地で動いている人たちと知り合いになったりすることは、自身の仕事を行う上でもとても役立っている、と述べている。交流・情報交換会については、E氏以外にも多くの人物から、数多く開催されており、自身も積極的に参加している、参加すると得るものが多い、といった発言が聞かれた。両国では、こうした取組みを通じて専門人材間のネットワーク化が積極的に推進されていることがうかがえる。

　継続教育以外で多くの調査対象者が職能を獲得する上で重要と述べていたのが、「政策・事業の現場において仕事の経験を積み重ねていくこと」であった。これは日本の専門人材からも多く聞かれた意見であるが、脱炭素政策分野においても職能を獲得・強化するためには、一定期間、同じ分野の業務に継続的に従事し、経験等を積むことが必要と認識されていることを示している。

　その他の回答として、G氏は、現在勤務するエネルギー・エージェンシーCについて、「職場内に学び・イノベーションの文化」があると述べ、職員の間で積極的に学び、新しいことにチャレンジする雰囲気・文化が形成されていることが、自身にも大きな影響を及ぼしていると指摘している。また、エネルギー・エージェンシーCの職場には、異分野（部門）間での協働の文化も根付いており、専門分野・部門が異なる職員間でさまざまな協力がなされ、そこから新しい事業が生み出されたりしているという。こうした職場内に存在する組織文化も職能の獲得・強化に影響を及ぼしていると考えられる。

3-6　おわりに

　本章では、オーストリアならびにドイツでの脱炭素政策に関わる専門人材が重要と考える職能とその獲得・強化策などについて、インタビュー調査の結果

をもとに考察した。

　調査結果の中で特に印象的だったのは、両国の地域・自治体で活躍している調査対象者のほぼ全員が重要な職能として指摘したのは、脱炭素政策や技術等に関する専門的知見よりも、さまざまな人々をつなぎ、議論を進めたり、まとめたりするために必要となるコミュニケーション・コーディネートなどに関連する能力であったことである。これらのことは、第1章、第2章で取り上げた日本の専門人材からも多く聞かれた意見であるが、多様な主体間での連携・協働や合意形成が不可欠になるという脱炭素政策の特徴が現れていると考えられる。

　そして、職能の獲得に関しては、現場での実践・実務経験の積み重ねとともに、継続教育の重要性が非常に多く指摘されていた点に注目したい。オーストリア、ドイツにおいては、特定の政策分野で継続的に仕事に従事するとともに、その中で自ら課題を見つけ出し、それに関して主体的に学び続けることが重要であると認識されていると捉えられる。また、このように学校を卒業した後も継続的に学び続け、職能を高めることを促すための環境・制度等がそれぞれの組織において整備されているとともに、多様な専門組織によって豊富な教育プログラムが準備されていることも重要であると考えられる。

　なお、今後、こうした欧州の事例を参考に日本国内での人材の強化策等を考える上では、地域・自治体での気候エネルギー政策分野に関連する人事制度、専門組織の整備、雇用の拡充などについても考慮に入れる必要があると考えられる。例えば、オーストリア、ドイツでは、先述したように自治体の行政組織も基本的に人事異動がなく、自身が専門とする政策部門で継続的に仕事に従事する制度にがとられている。そのため、自身の専門的な職能を強化するために継続教育を積極的に受講しようというモチベーションも高まりやすいと考えられる。

　また、今回の両国におけるインタビュー調査では、「現在、(オーストリア、ドイツの) 地域・自治体では、行政組織の気候エネルギー政策担当職員やエネルギー・エージェンシー職員、気候エネルギー・マネージャーなど、同政策に関する仕事が増加していて、各地で求人が増え続けている。人材の獲得競争が起こっている」という発言が複数聞かれた。両国では、地域・自治体での気候

エネルギー政策を促進・支援するために、行政組織だけでなく、エネルギー・エージェンシーのような専門組織や人材の必要性が認識され、体制整備や雇用の拡充などの面において積極的に投資がなされていると言える。

それに対して日本では、行政組織で脱炭素政策を専門的に担当する職員を配置・募集している事例はかなり少数であり、加えてエネルギー・エージェンシーのような専門組織の整備も進んでいない。残念ながら、欧州に比べると日本では、この分野に関連する専門的な職種の雇用は非常に限定的であると言える。日本において専門人材の強化について検討する上では、その前提として行政組織等の人事制度や人材の受け皿づくり(エネルギー・エージェンシー等の体制整備)についても検討していくことが求められる。

▓参考文献

平岡俊一 [2023]、「地域主導型再生可能エネルギー事業推進のための担い手・体制 —— オーストリアでの取り組みから」、『農業と経済』、2023 年春号:115-124。

平岡俊一 [2024]、「気候エネルギー政策分野での重層的な中間支援体制の構築 —— ドイツ・バーデン=ヴュルテンベルク州での事例から」、『人間と環境』、50(2):24-27。

的場信敬・平岡俊一・上園昌武編 [2021]、『エネルギー自立と持続可能な地域づくり —— 環境先進国オーストリアに学ぶ』、昭和堂。

注　本章は以下の既出論文に追加・修正を加えたものである。平岡俊一・的場信敬 [2023]、「オーストリアでの気候エネルギー政策分野における専門人材の職能とその獲得・育成」、『社会科学研究年報』、53、215-222。

(平岡俊一・的場信敬)

第**2**部

教育分野における人材育成へのアプローチ

第4章

気候変動教育の現在地と展望 — 京都の事例をもとに

4-1 日本における気候変動教育が目指す方向性

4-1-1 学習指導要領における「持続可能な社会の創り手」

　本章では、日本における気候変動教育について、京都の複数の事例を取り上げて広がりと成果、そして課題についての整理を試みる。

　まずは、日本において環境教育が目指す方向性について整理しておきたい。

　2020年度から順次実施された小中学校の新しい学習指導要領には、その前文に「これからの学校には，こうした教育の目的及び目標の達成を目指しつつ，一人一人の生徒が，自分のよさや可能性を認識するとともに，あらゆる他者を価値のある存在として尊重し，多様な人々と協働しながらさまざまな社会的変化を乗り越え，豊かな人生を切り拓ひらき，持続可能な社会の創り手となることができるようにすることが求められる。このために必要な教育の在り方を具体化するのが，各学校において教育の内容等を組織的かつ計画的に組み立てた教育課程である」と記載している。学習指導要領において、教育そのものの目的として「持続可能な社会の創り手」を掲げたのは、これが初めてであった。

　これまでの学校教育について、例えば宮前 (2017, p.10) は、「地方地域社会、とりわけ郡部農山漁村からの『人口流出装置』として機能してきた一面がある」と厳しく指摘し、その上で「地域創造型」の学校・教師の必要性を訴えて

いる。学習指導要領の改訂は、こうした危機感を受け、社会の担い手の育成の必要性を強く訴え、大きな変化を求めたものであると言える。

4-1-2 環境教育等促進法と基本方針

「環境教育」という切り口から見ても、単に環境問題の知識を伝え身近な取組の実践者を増やすのではなく、「持続可能な社会の創り手」の育成が重視されるようになっている。これは、「環境教育等促進法に関する基本方針」の改定のプロセスからよく読み取れる。

環境教育等促進法 (環境教育等による環境保全の取組の促進に関する法律) は、前身となる環境教育推進法 (環境保全のための意欲の増進及び環境教育の推進に関する法律) を改正する形で 2011 年 6 月 15 日に公布された法律である。旧法が環境保全の意欲の増進や環境教育の推進を目的としていたのに対し、改正法では協働による活動推進の必要性が強く謳われている。

環境教育等促進法は、同法の規定に基づき「環境保全活動、環境保全の意欲の増進及び環境教育並びに協働取組の推進に関する基本的な方針」(以下、基本方針) が定められている。

4-1-3 2018 年の基本方針改定

法の完全施行から 5 年が経過した 2018 年の基本方針改定では、学習指導要領で示された「持続可能な社会の創り手」について、あるいは、環境基本計画の改定で示された「地域循環共生圏」について言及した上で、環境教育は「環境・経済・社会の統合的向上の具体化を図るための人材の育成」を目指すものであること、そして、そのための協働の重要性を強調している。そして「特に、地域における環境保全活動は、住民や民間団体等が参加し、地域ぐるみで循環共生型の社会づくりを目指すことが大切」と記載している。「環境教育の推進方策についての取組の方向」の項目では、21 世紀環境立国戦略とその説明としての「子どもから大人までのあらゆる年齢層に対し、家庭、学校、地域等のあらゆる場において、生涯にわたって質の高い環境教育・環境学習の機会を提供していくことが示されました」という文言を削除し、代わりに「現在、人々の環境配慮行動や環境教育等実施状況を鑑みると、『持続可能な社会づくりへ

の主体的な参加』と、循環と共生という観点からの参加の意欲をはぐくむための『体験活動』を促進することが重要」と書き込まれている。さらに、改定内容の説明資料である「基本方針の変更について（概要）」においては、今後の学びの方向性について「身の周りの生活に係る規範意識のみならず、持続可能な社会づくりに主体的に参加しようとする意欲を育てることが必要」と表現している。

4-1-4　2024年の基本方針改定

　2024年5月に、基本方針は2度目の改定が行われた。特徴的なのは、「社会変革」の必要性を強く訴えているところ、またその社会変革を個人の生活の質の向上につなげていくことの重要性を強調しているところである。

　例えば、「はじめに」において、「個人の行動変容を個人に留めるのではなく、パートナーシップを通じ、さまざまな個人や組織との関わり合いの中で、中長期的に社会システムの変革へとつなげていくことが重要」と記載し、続く「環境保全活動、環境保全の意欲の増進及び環境教育並びに協働取組の推進に関する基本的な事項」において、「私たち一人一人が取り組まなければならない問題です」などの文言を削除し、代わりに「現代社会が直面する環境危機に向き合い、持続可能な社会を実現するためには、経済社会システム全体の変革が求められています」、「現在の環境危機は、個人の行動変容の積み重ねだけで解決できるものではなく、私たちを取り巻く経済社会システムそのものの変革を早急に行うことを必要としています。そのためには、個人と組織、社会との相互作用を意識しつつ、全ての人の取組を促進し、子どもや若者を含むあらゆる人の参画の機会を保障し、環境問題に関わる立場や価値観の異なる多様な主体・世代の間の対話を通じて、自分たちの組織や地域のありたい姿を共有し、協働していくことが重要です。また、さまざまな分野で環境保全活動や社会変革につながる取組を担う人材の育成も重要です」とした上で、「すべての大人や子どもに対して、環境危機に向き合い、持続可能な社会を実現するために、社会や組織の変革と個人の変容を連動的に支え促すことが、現在の環境教育の重要な目的であると言えます」と環境教育の目的を設定し直している。

　変革の担い手として期待されているのは当然ながら大人のみではない。基本

方針では、「若者の社会変革への参加の促進」という項目を立て、「児童生徒等が、組織と社会の変革へ参画し、自らの変容につながる学びを促進」、「大学生等に対する環境教育に資する対し、社会変革の担い手を育成するインターンシップ等の充実」などの方策を盛り込んでいる。

なお、この「変革」という語は、2018年の改定ではほとんど使用されていないが、2024年の改定では約60回使用されており、今回の改定の特徴を表す語であると言えよう。

このように、気候変動問題を含む環境問題の深刻さを受けて、またその解決のためには社会システムの変革が必要であるという事実から、現在の環境教育は「個人の行動変容」ではなく、「社会変革」を目的としたものへの移行が強く求められていると言える。

4-2　日本の若者の気候変動問題への態度

4-2-1　若者対象の調査結果

若者(16～25歳)を対象とした電通総研による「気候不安に関する意識調査(国際比較版)」によれば、日本の若者のうち気候変動の影響を「心配していない」とした人は14.6％にのぼり、これは他の10カ国と比較して最も高い割合であった。逆に「極度に心配している」と「とても心配している」を併せた割合は16.4％と最も低い割合であった(電通総研)。他国を見ると、2番目に低かったフィンランドでも44.1％、最も高かったフィリピンでは84.0％に達しており、日本の若者の間では気候変動への懸念が極端に低いことがわかる。

気候変動によって感じる感情についての質問においては、「悲しみ」「喪失感」「絶望」「罪悪感」「怒り」「傷つき」「恥ずかしさ」といった感情が、他国の平均に比べて低い。とりわけ「怒り」「傷つき」「恥ずかしさ」といった感情は、他国の半分以下の回答率となっている。

気候変動に関する対話について尋ねた項目では、「私は他の人と気候変動について話さない」人の割合が日本では41.6％に達しており、他国に比べて非常に高い割合となっている。

日本にいても気候変動の影響と言える極端な高温や異常降雨は多発してお

り、他国の状況もニュースで知ることができ、気候変動の脅威自体が認識されていないわけではない。にもかかわらず上記のように「目を背けている」とも言える結果が出るのはなぜか。若者向けの気候変動教育を行うに当って、この考察が不可欠である。

4-2-2 気候変動問題に関する心理的障壁

気候変動に関する科学的解明が進んでも、人々の中での気候変動対策の重要性は高まる訳ではなく、逆に低下することが観測されており、これは「心理的気候パラドックス」(psychological climate paradox)と呼ばれる。Stoknes [2014]は、心理的気候パラドックスを引き起こす要因を、①Distant (距離)、②Doomを含む Framing、③Dissonance、④Denial、⑤iDentity の5つのD に整理し、正しい情報を多く伝えようとするコミュニケーションは失敗することを指摘している。そして、心理的気候パラドックスを解消するためのコミュニケーションの要素を①Social な語りかけ、②Supportive な Flaming、③Simple なアプローチ、④Story (物語) の活用、⑤Signal の発信という5つのS に整理している。

日本において心理的気候パラドックスを引き起こす要因の内、筆者らが最も注目するのは Dissonance (認知的不協和) である。筆者らが大学生661人を対象に行った調査 (木原ら [2018]) において、脱炭素社会のイメージを自由記述で記入してもらいテキストマイニングにより解析したところ、大学生は脱炭素社会に対して、「地球・環境に良い」「空気がきれい」というイメージを持っている一方で、「実現は困難なもの」「現在の生活は不便で苦しくなるもの」と捉えていることがわかる。このようなイメージが認知的不協和を生み出し、気候変動問題から目を背ける状態を生み出しているものと考えられる (図4.1)。

日本における気候変動への無関心問題について考察した江守 [2020] は、気候変動問題への無関心を引き起こす要因が「負担意識」にあるとした上で、気候コミュニケーションの目的を、気候変動問題の正しい知識を伝えて個人の環境配慮行動を広めるためのものと設定するのではなく、本質的な関心を持つ人々とその支持者を増やし、システム変化を起こすためのものと設定することを提案しており、この分析及び提案は、Stoknes らの理論と整合的である。筆者ら

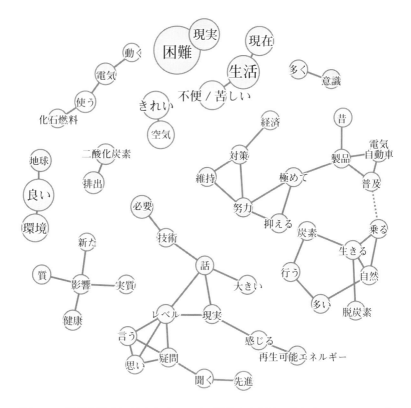

図 4.1 　脱炭素社会に対するイメージに関数自由記述の共起ネットワーク。木原ら [2018] より。

の調査や Stoknes らの理論をもとに付け加えるならば、「負担意識」には、例えば「夏の暑さを我慢する」などの身近で直接的なもの以外に、「脱炭素社会は実現できそうもない」という認識も含まれ、これが認知的不協和を生み出しているものと考えられる。

4-2-3 　気候変動教育に求められるもの

　気候変動教育は、過去には、気候変動問題についての正しい知識を伝え、個人の環境配慮行動を促進するためのものと捉えられており、筆者らもこれを目的として教育を実施してきた。しかしながら、現在、気候変動教育の目的の再

考察が必要とされている。気候変動教育は、脱炭素社会は手の届かないものではなく実現可能なものであり、脱炭素社会は個人の生活の質の向上にもつながるという認識を広めて脱炭素社会の受容性を高めるとともに、社会変革の担い手を育成するものでなくてはならない。

こうした気候変動教育の目的自体のつくりかえが求められる中、実際の教育現場では、何が行われ、何を変えようとし、どのような障壁に行き当たり、今後の展望をどのように描いているのか、長年にわたり京都で行われている事例をもとに考察する。

4-3　京都の事例①京都市の「こどもエコライフチャレンジ」

4-3-1　こどもエコライフチャレンジのはじまり

教育分野においても、脱炭素社会づくりの担い手となる人材の養成、ライフスタイル転換のための仕組みとして脱炭素社会づくりのための教育に取り組んでいく必要があると考えている。具体的な取組みとして、京都市内での脱炭素教育プログラム「こどもエコライフチャレンジ」について紹介する。

こどもエコライフチャレンジは、気候変動やエコライフに関する理解を深めるとともに、家庭へのエコライフの浸透を図ることを目的とした環境教育プログラムである。気候ネットワークと京都市、京都青年会議所との協働事業として2005年1校での試行からはじまり、2007年からは京都市地球温暖化対策室の主管事業となり気候ネットワークが委託を受けて学校での授業の実施も含めて企画・運営を担っている。当該事業の実施校数は、毎年拡大し2010年には京都市立全小学校 (2010年度173校) で実施されるようになり、その後現在に至るまで全校実施を継続している (表4.1)。2023年度末までの参加児童数は16万人以上になる。

4-3-2　学び・実践・ふり返りのプログラム

こどもエコライフチャレンジの特徴として、第1にプログラム内容が、「学び、実践、振返り」をコンセプトに、実践を通じて学びを深める環境教育プログラムになっていることが挙げられる。こどもエコライフチャレンジは、プログラムの内容は、授業で地球温暖化について学ぶ「事前学習」、ワークブック

表 **4.1**　こどもエコライフチャレンジの経緯。

年度	実施学校数や事業内容
2005 年 4〜5 月	京都市青年会議所 (JC) から京都市への相談を受け、京都市環境家計簿事業に携わるチームで事業への協力と実施内容の検討を開始。
2005 年 7 月	京都市立常盤野小学校 (1 校) で実施。JC の主催事業。
2006 年	実施校数を 3 校に拡大・実施。JC の主催事業。
2007 年	実施校数を 11 校に拡大・実施。JC の主催事業。
2008 年	京都市の主催事業に移行し、今後 3 年間での全校実施を目指す。50 校に拡大 (1 年目)。実施は気候ネットワークに委託 (現在まで)。
2009 年	京都市の主催事業として 3 年間での全校実施を目指し、101 校に拡大 (2 年目)。
2010 年	京都市の主催事業として京都市立小学校全校 (当時 177 校) で実施 (3 年目)。以降、全校での実施を継続。
2020〜2021 年	コロナ禍対応として対面での授業を避け、動画を用いて教員が実施する体制に移行。
2022 年	教員による実施体制を継続するとともに、エコライフ診断書の電子化を試行実施。
2023 年	エコライフ診断書の電子化を京都市立全小学校に拡大。

(出典：筆者作成)

を活用した家庭での「エコライフの実践」、授業で診断書を用いて取組みをふり返る「ふり返り学習」で構成される。夏休みまたは秋学期、冬休み前に事前学習会を開催し、休み期間中などの一定期間を通じて家庭での実践、休み明けにふり返り学習会を開催するという流れになっている。

　プログラムの実施にあたっては、2019 年までは、事前学習及びふり返り学習は小学校を訪問して気候ネットワークのスタッフが授業を行う形式が取られてきた。しかし、新型感染症の影響を受けて 2020 年からは学校教員が動画を用いて事前・ふり返り学習の授業を行う方法に変更された。学校での教員による授業実施をサポートするために学習用動画、授業の進め方やポインなどを示したガイドブック、授業で活用できるスライドデータ (パワーポイント) の作成・提供を気候ネットワークが行っている。

　また、これまで家庭での取組み結果を児童がエコライフチェックに記入して提出することで、取組み結果の評価・ふり返りを視覚的に行うためにエコライ

フ診断書の発行を行ってきた。エコライフ診断書は気候ネットワークでとりまとめて、紙面で発行し、学校ごとに届けられた後にふり返り学習で活用されてきた。このエコライフ診断書についても、学校でのICTの進展に応じる形で児童が電子デバイスから取組み結果を入力し、入力後すぐに電子版診断書が表示される電子システムの開発・試行が2022年から行われることになった。2022年にはいくつかの学校での試行実施が行われ、2023年からはエコライフチャレンジ実施校全校で実施されることになった。

このようにエコライフチャレンジのプログラムは、社会情勢の変化や学校での学習環境の変化などに合わせて変化してきている。

4-3-3　パートナーシップによる運営・実施

こどもエコライフチャレンジの特徴として、第2に協働・パートナーシップを重視していることが挙げられる。こどもエコライフチャレンジは、もともと京都青年会議所と気候ネットワーク、ひのでやエコライフ研究所、京都市による協働事業としてスタートした取組みである。2004年当時、京都青年会議所のまちづくり委員会は環境保全への取組みを方針に掲げ、環境教育に絡めた活動を模索していた。同時に気候ネットワークでも環境家計簿を、子どもたちに広げていく取組みについて検討していた。そういった中、青年会議所のメンバーが気候ネットワークに相談を持ちかけてきたことがきっかけとなり、こどもエコライフチャレンジの取組みが生まれることになったのである。以降、京都青年会議所と気候ネットワーク、ひのでやエコライフ研究所、京都市地球温暖化対策室による協働事業として継続的に取り組まれ、実施校数も順調に拡大していった。そういった協働の過程や実施校数の拡大、プログラムに対する学校側の評判などが高く評価され、2008年からは環境モデル都市としてより温暖化対策の強化に取り組む京都市の政策の一環として、京都市立小学校全校での実施を目指して予算化が行われることになった。

実施校の拡大にあわせて京都市の事業となったことで、京都市地球温暖化対策室、京都市教育委員会、京都青年会議所、ひのでやエコライフ研究所、気候ネットワークなどのメンバーで構成する「こどもエコライフチャレンジプロジェクトチーム」による運営会議を開催し、実施内容について検討を行ってい

く形が取られるようなっていった。その後プロジェクトチームの構成には変更もあるものの、現在も運営会議を開催し、事業の円滑な運営・改善につなげていく体制が継続されている[1]。

4-3-4　こどもエコライフチャレンジの成果

こどもエコライフチャレンジの成果として、2023年度末までにこどもエコライフチャレンジに参加した児童数は16万人以上になった。プログラムの実施を通じて、児童の行動変容や家庭や学校への波及効果が確認されている。

児童自身がエコライフへの取組みを記録したエコライフチェックの結果を分析すると、13項目ある取組みの全てにおいて事前と事後を比較すると、行動が改善しているという結果になった[2]。この結果からは児童が一人でも取組みやすい行動ほど取組み率が高く、児童が一人ではできないことほど取組み率は低くなっていることが分かる (図4.2参照)。特に興味深いのは、最も取組み率の低かった「家族とエコライフの話をする」が、事前と事後の改善率では最も高くなっていることだ。これは児童がエコライフチャレンジの実践に取り組む中で、家族との会話や相談・交流が行われるようになったことがその理由ではないかと考えられる。

この他、教員向けアンケートでも、児童の行動変容についての報告が多数寄せられたり、エコライフチャレンジの実施後には他の科目や教科とも関連付けた授業を行ったり、学習の内容をまとめて掲示したり、さらに発展的な学習を行ったという回答が多く見られた。このようにエコライフチャレンジによって、児童の行動変容や家庭や学校への波及効果が確認されている。

この他の成果として、前述した市民ボランティアに対して、活動の場、また気候変動問題や環境問題について学ぶ場、さらに参加者間の交流の場を提供することにつながっていることが挙げられる。市民ボランティアを太陽に行ったアンケートでは、活動を通じて環境問題に関心を持つようになり、他の環境ボ

---

[1]事業の実施形態としては、毎年プロポーザル形式による実施事業者の公募が行われ、審査の結果、事業者を選定する形式が取られている。

[2]同じエコライフチェック項目を使用していた2010年から2012年までの3年間の実施児童約3.2万人分のデータをもとに4段階評価で項目ごとの平均値を求めた。

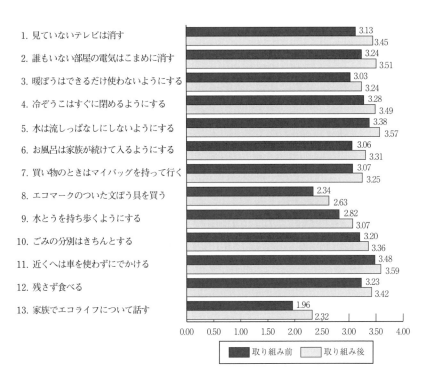

図 4.2　エコライフチェックの取組み前・後の比較。

ランティアや温暖化防止活動推進員に登録したという方が複数見られた。市民ボランティアの多くは、前述したように京エコロジーセンターなどの環境ボランティアや地球温暖化防止活動推進員として、温暖化などについて一定の研修を受けてきた方も多い。その一方で子どもやボランティア活動に関心はあるものの、温暖化を始めとする環境問題についての知識を持っていない方も少なくない。そういった方々にとって、こどもエコライフチャレンジは、温暖化や環境問題について学ぶ場であり、これまで活動を行ってきた方々とつながりを持つ場としても機能していたようだ。実際にボランティア参加をきっかけに、京エコロジーセンターや自治体の環境ボランティア、省エネアドバイザーなどの活動を始めた人も多い。そういったことからもエコライフチャレンジは環境関連活動を行う人材の養成の場であり、また、既に一定の知識を持っている人材

にとっても、具体的な活動を通じてさまざまな経験・ノウハウを得る場となっており、京都の人的資源の養成に寄与してきたと考えられる。

4-3-5　モデルとしての他地域への発展

　近年ではこどもエコライフチャレンジのような脱炭素教育プログラムへの関心も高まりを見せ、自分たちの地域でもこどもエコライフチャレンジのような取組みを行いたいとの要望をいただく機会も増えてきた。2008年からはそうしたニーズに応えるために、全国20以上の地域からの見学や視察の受け入れ、実施のための研修やアドバイスを行なってきた。その結果、日本国内では、気候ネットワークの支援を受けて、こどもエコライフチャレンジをベースにした環境教育プログラムが、倉敷市、大田市、尼崎市、宝塚市、島根県等で実施されてきた。

　さらに2012年からはマレーシアでもこどもエコライフチャレンジを基にした環境教育プログラムが実施されるようになっている。2050年までにカーボン・ニュートラルを達成するためには、ハード的な技術や情報だけでなく、どのように政策や対策を進めればうまくいくのかといった具体的な知見・ノウハウを、日本国内はもちろん海外、特に新興国において活用していくことは非常に重要な課題となっている。そこで、日本で開発・実施されてきた脱炭素教育プログラムを、アジアの大都市イスカンダル・マレーシア開発地域(以下IM地域)へ適用してきた背景やその成果について紹介する。

　マレーシア・マレー半島の南端に位置する都市でジョホール州の州都でもあるジョホールバルは、シンガポールにも隣接する立地を活かし、著しい成長を遂げてきた。そのジョホールバル市を中心に形成されている重点開発地域がIM地域である。同地域では2011年に同地域での温室効果ガス排出を2025年までに40%削減するための低炭素社会シナリオ(Low Carbon Society Blueprint for Iskandar Malaysia 2025)が発表され、経済発展とともに持続可能な都市を実現していくことが重要な課題として提示された。この低炭素社会シナリオの実現のために10のパイロットプロジェクトが提案され、その1つとして京都市でのこどもエコライフチャレンジをベースにした環境教育プログラムを地域のプライマリースクールすべてに広げていくことになった。2012年からその実現

4-3 京都の事例①京都市の「こどもエコライフチャレンジ」　　75

図 4.3　(写真)イスカンダル・マレーシアでのエコライフチャレンジ実施の様子。撮影：豊田陽介(2018年11月)。

のためにマレーシア工科大学、イスカンダル地域開発庁社会開発局、国立環境研究所、気候ネットワークを中心に、京都のこどもエコライフチャレンジ・プログラムのローカライズを行い「イスカンダル・マレーシア版エコライフチャレンジ(略称：IMELC)」の開発が行われた。2013年秋にはIM地域の23の小学校で試行し、その後2014年には80校、2015年には全てのプライマリースクール(226校)で実施されることになった。さらに現在はジョホール州内に広がりを見せおよそ900校で実施されるまでになっている(図4.3)。

　この取組みの中で気候ネットワークは、筆者を中心とするプロジェクトの推進に必要なノウハウを有した人材の派遣を行い、マレーシアの地域特性に応じたプログラムの開発、さらには学校でのプログラムを実施する人材の養成・研修、プログラムのクオリティコントロールのためのアドバイスを実施してきた。さらには2016年から2018年の3年間で、コミュニティを主体としたIMELCの自立的運営・実施を目指す発展型のプログラム(通称：IMELC++)の開発・

普及のために、前述の役割に加えて JICA 草の根技術協力事業を通じた資金協力等を行っている[3]。

同プロジェクトの実施に伴って、各学校での電気や水、廃棄物の削減につながったことが報告されている。今後は学校からコミュニティ、家庭へとエコライフが浸透していくことによる新興国のライフスタイルの転換につながっていくことが期待される。

こどもエコライフチャレンジの取組みは、将来世代の養成のみならず、活動のための地域の人材の発掘にもつながることなどから、活動の担い手となる人材や組織といった人的資源の形成に寄与するものである。

また、自然エネルギーなどの資源活用などに比べて、どこの地域でも実施可能な取組みであることから、今後、地域の人的資源形成のモデル的な取組みとして広がっていくことが期待される。こうした将来世代の人づくりのための取組みが継続されれば、子どもだけでなく、家庭、学校へと浸透し、その地域全体を変えていくことにつながる。さらに京都から他の地域に取組みが広がれば、将来の日本の環境・エネルギー政策や社会そのもののあり方をも変えていく大きな可能性を秘めている取組みであるといえる。

4-4　京都の事例②京都府の「夏休み CO₂ ゼロチャレンジ」

京都府は、2003 年に児童とその保護者らを対象とする環境教育プログラム「夏休み省エネチャレンジ」を開始し、2005 年からはその事務局を京都府地球温暖化防止活動推進センターが担っている。2020 年からは、目的を「家庭での身近な環境配慮行動の実践」から「脱炭素社会の受容度向上、担い手育成」に設定し直し、名称を「CO₂ ゼロチャレンジ」に変更して実施している。ここでは、この事業の変遷について報告する。

4-4-1　夏休み省エネチャレンジの実施

本事業は、子どもと家族が一緒に過ごす時間が長く、エネルギー消費量も多い夏休み期間を利用して行う環境教育プログラムである。

---

[3]2016 年から 2018 年末にかけて JICA 草の根技術協力支援事業に採択され「マレーシア国低炭素社会実現に向けた人材育成とネットワーク拠点づくりプロジェクト」の一環として実施した。

2003年の事業開始当初は、家庭での環境配慮行動の実践が目的とされていた。ワークシートを用いて児童が家族とともに身近な環境配慮行動を実践し、一定以上の取組みを実施した家庭は京都府知事による「エコ親子認定証」が送られる形で実施された。

2005年には、それまで京都府が直接担っていた事業事務局を京都府地球温暖化防止活動推進センターが担う形に変更。家庭単位だけではなく、学校単位でとりまとめて応募してもらい、参加数や参加率に応じて学校を表彰する制度を設けるとともに、京都府地球温暖化防止活動推進員(以下、推進員)らとともに小学校への参加呼びかけを行うなどして、参加世帯数を伸ばした。参加児童数が多い、あるいは参加率が高い学校には、副賞として大阪ガス等の企業から環境教育教材が送られる仕組みも設けられ、地域企業と連携したモチベーションアップやさらなる教育の発展も図られた。また、取組みの前後にセンター推進員等による出前授業を実施するなど、学校の授業時間との連携も図られた。加えて、参加全世帯に、参加賞として「おんだんかぼうしトランプ」「おんだんかぼうしどうぶつしょうぎ」など、遊びながら気候変動問題について学べる教材を提供し、さらなる学びのきっかけを提供した。

ワークシートは、年度によって若干の変遷はあるものの、「シャワーを出しっぱなしにしない」「エアコンは必要以上に設定を下げすぎない」「缶やペットボトルをできるだけ買わず水筒などを持ち歩く」といった項目があげられており、家族全員が取り組めた場合には青を、自分一人が取り組めた場合には黄を、取り組めなかった場合には赤を塗って取組み状況をチェックする方法をとっていた。

参加児童数は、当初の400世帯から、ピーク時の19,806世帯へと大きく増加し、2019年度までの累積参加世帯数は約18.6万世帯、累積参加校数は1,761校に上る(図4.4)。

4-4-2 「夏休み省エネチャレンジ」の効果

金ら[2019]は、ワークシートに記載された内容や点数を分析し、夏休み省エネチャレンジの効果検証を試みている。これによれば、それまで環境配慮行動をあまり実施してこなかった世帯の実施率が高まるなど、取組みが行動変容に

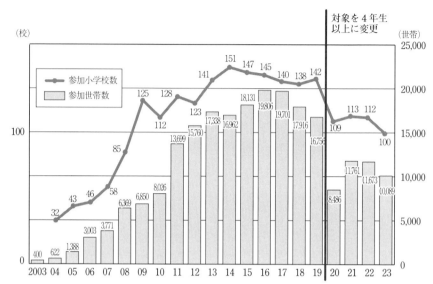

図 4.4　夏休み省エネチャレンジ CO_2 ゼロチャレンジ参加小学校と参加世帯数の推移。

つながったことが確認されている。また、毎年継続的に参加している世帯は、取組みの実践度が継続して向上することが確認された。ただし、参加が5回目くらいになると向上率がやや頭打ちになる傾向があり、よりレベルの高い課題を提供するなどの措置が必要であることが確認されている。

4-4-3　「夏休み CO_2 ゼロチャレンジ」への変化

このように、「夏休み省エネチャレンジ」の規模は拡大し、実際の行動変容につながっていることが確認できており、身近な環境配慮行動の促進という目的からすれば「夏休み省エネチャレンジ」は一定の成果を上げてきたと評価できる。一方で、既述の通り、この間、気候変動教育に求められる役割は「身近な環境配慮行動の促進」から「社会変革の担い手の育成」へと大きく変化してきた。この動きに対応するため、2020年からは、プロジェクトの目的を「脱炭素社会の受容度向上・担い手育成」へと変更した。これに伴い、解説の内容も脱炭素型の暮らしや社会について考えるものとし、脱炭素を目指す海外の事例な

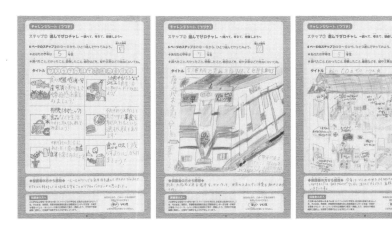

図 4.5　子どもたちから提出されたCO_2ゼロチャレンジのワークシートの例。

ども盛り込まれた。ワークシートの内容も、例えば「脱炭素社会のイメージを絵にする」「将来、どのような職業について、その立場でどのように脱炭素社会づくりに貢献するかを考える」などへと大きく作り替え、対象学年も、それまでの「小学校1年以上」を「小学校4年生以上」へと変更し、名称も「CO_2ゼロチャレンジ」へとリニューアルされることとなった。対象学年の限定に伴い、参加世帯数・参加校数ともに減少したものの毎年1万世帯・100校が参加しており、リニューアルは学校や児童・保護者にも受け入れられているものと言える。

　ワークシートには、「食」「交通」「住宅・暮らし」などさまざまなテーマで、子どもたちが考える脱炭素社会づくりへの貢献が記入されており、身近な環境配慮行動を超えたイメージづくりに役立っていることが確認される。なお、2022年度には、民間タクシー業者の協力を得て、子どもたちが描いた脱炭素社会の姿がタクシーにラッピングされ、京都を走ることで、さらなる啓発に結びつけられた(図4.5)。

4-5　その他の京都の事例

　上記の2事例以外にも、京都ではさまざまな気候変動教育が実施されている。そのうち2つを簡単に紹介したい。

4-5-1 高校生による気候変動学習プログラム

高校生による気候変動学習プログラムは、京都府・京都市・総合地球環境学研究所が連携して主催するプログラムである。2020年以降、名称変更をしながら毎年実施されている。

同プログラムは、3回の講義を受けた上で、学校ごとに議論を行いメッセージ動画を作成して発信するとともに、京都府等が実行委員会をつくって運営する「KYOTO地球環境の殿堂」のシンポジウムにて、発表や対談を行うものである。2023年度のプログラムには9校が参加している。講座は、IPCC報告書の報告者でもある東京大学教授の江守正多氏、気候正義についての専門家である京都大学教授の宇佐美誠などが講師を務めており、この分野の最先端の研究に触れられるものとなっている。

京都府のウェブサイト[4]には「『学び→発信』で未来を変える行動を」とされており、単に学ぶだけでは無く、小さいながらも学んだ上での意見を社会に対して発信する場を提供している点が特徴的と言える。

4-5-2 地球温暖化防止活動推進員らによる気候変動教育

京都府では、地球温暖化対策推進法に基づき272名(第11期)が京都府知事から京都府地球温暖化防止活動推進員(以下、推進員)に指定されており、京都府地球温暖化防止活動推進センターが支援活動を行っている。同センターの資料[5]によれば、2023年度には推進員によって年間1,771回の活動が報告されている[6]。このうち、424回が「イベント等での啓発活動」で最も多く、319回の「子ども向け出前講座」がこれに続く。

子ども向け出前講座の実施形態はさまざまである。個人として学校に出向く

---

[4]https://www.pref.kyoto.jp/tikyu/news/press/2023/5/koukousei-program2023.html。

[5]https://www.kcfca.or.jp/wp-content/uploads/2024/05/KCFCA2023nenjihokokuR060524.pdf。

[6]報告された活動のうち、対外的に実施した活動のみをカウントした数字である。実際には、活動をしているものの報告には上がってこない取組も多く、筆者の実感としては、実際の活動回数はこれよりはるかに多い。

場合もあれば、元学校教員らが推進員になり市町村と連携してプログラムを開発して教育活動を実施するものもある。

　実施されているプログラムも多様である。例えば、①校舎に植物を使ったグリーンカーテンを設置するためのサポートを推進員が行い、併せて気候変動の現状やグリーンカーテンの意義を伝えるプログラム、②あおぞら財団が開発し、京都府地球温暖化防止活動推進センターと同財団とが京都版にアレンジしたワークショップツールである「フードマイレージ買い物ゲーム」を使って、買い物の折の商品選択の重要性を伝えるプログラムなどが実施されている。

4-6　気候変動教育の展望

　ここまで筆者らが関わっている京都における気候変動教育の事例を紹介してきた。これらの取組みの特徴としては学校をベースにした教育プログラムを提供していること、そして取組みが継続的に発展してきたこと、子どもたちの行動変容にもつながっていることが確認されるなど、いくつかの共通点も見られた。これらの取組みを参考にしながら今後の気候変動教育の展望について考えていきたい。

　京都の事例では、両事例では学校や行政との関係性づくり、担い手の養成、制度化をすすめることによって面的な広がりを生み出すことに成功しているが、全国的に見てもこれは稀なことで、多くの地域では非常に効果的なプログラムを提供しているものの、そのプログラム自体の広がりは限定的で、限られた環境やフィールド、組織でしか提供できていない。全国的に気候変動教育の継続・拡大を進めていくためには、学校カリキュラムに気候変動教育を組み込むことに加えて、プログラムを実施できる人材の養成のための教育機会や情報交換の場作り、さまざまな団体との協働による支援といった実施体制の整備を進めていくことが求められる。

　一方で、これの取組が「変革」をめざし、その担い手を育成するものになっているかというと、模索はされているものの充分とは言えず、質的な転換が強く求められていると言える。今後の気候変動教育が「社会変革の担い手の育成」という役割を果たしていくためにも重要となるのは、社会変革に関わるような機会や場の提供である。気候変動教育は社会変革の手段の1つとして気候

変動に対する市民アクション (以下、気候アクション) の促進手段として期待されているが、日本の学校活動の中でこうした気候アクションに参加する機会はほとんど無い。極稀な事例として、浜松開誠館中学校・高等学校での気候アクションへの参加や、2019年9月20に行われたグローバル気候マーチ in 白馬への白馬高校の生徒たちの参加などに限られている。一方次章で紹介するフォアアールベルク州の教育局では子どもたちが、FFFの気候ストライキに参加することを、授業時間として認めている。現在の日本の学校制度にそこまでのことを求めるのは難しいかもしれないが、少なくともデモやマーチ等が反社会的な活動ではなく、問題解決に向けた幅広いアクションの1つであり、そういった取組みを知ることや経験をしてみる機会を作っていくことが学校教育や社会教育においても必要ではないだろうか。

　またそうした若者の社会参加の場を提供するためには、第7章で紹介されるような若者の社会参加・政治参加を保障する制度・仕組みづくりも重要である。日本でも近年若者の社会参加に期待する声は大きくなり、2021年の参議院本会議では「若い世代を含めた幅広い関係者の参画が重要である」とする首相の発言が見られたり、「こども基本法」が2023年4月に施行されるなど、子どもの権利や、若者の政治・社会参加が注目されるようになってきた。

　しかしながら本当の意味で子どもの権利が尊重され、若者の声が重視されるようになっているかといえば、実際に若者が政治に関与する機会は非常に限られており、フォーマルな制度や仕組みにはなっていないといえる。例えば日本のエネルギー基本計画は、将来のエネルギー構成を決め日本の温室効果ガスの削減目標にも大きな影響を与える政策であるが、この議論の場に参加する委員たちのほとんどは50〜70代で構成され、20代の委員は皆無である (Climate Integrate [2024])。社会変革の必要性や、その担い手として若者の参加を期待していると述べられていても、実態として政策形成過程における若者の参加は保証されておらず、特に国政に関する場などでは、知識や能力を理由に敬遠されることもあるほどだ[7]。子どもや若者の参加を真に求めるのであれば、法案の中身を、子どもに分かるような言葉で説明し、子どもたちが意見を表明でき

---

　[7]2024年7月の衆議院議員環境委員会において17歳の高校生が地球温暖化対策推進法の改正案の審議に参考人として発言する可能性が浮上したものの、委員会内で「高校生に法案

る機会を作り、その意見をできるだけ取り入れることが政府や議員には求められる。

ここまで述べてきたように、社会変革の担い手を育成する気候変動教育の実現のためには、単なるプログラムやカリキュラムレベルでの対応にとどまることなく、組織やネットワークなどの体制面の環境整備、そして変革につながる仕組み、制度の改革が並行して進められなければならない。

■参考文献

江守正多 [2020]、「気候変動問題への「関心と行動」を問いなおす：専門家としてのコミュニケーションの経験から」、『環境情報科学』、49:2-6。

木原浩貴・松原斎樹 [2018]、「脱炭素社会に対する意識・態度の個人差に関する研究 ── 大学生アンケート調査をもとに」、『環境情報科学論文集』、Vol.32:pp.191-196。

金悠希・木原浩貴・松原斎樹 [2019]、「小学生と保護者の環境配慮行動の実態 ── 京都府夏休み省エネチャレンジ参加者の分析」、『日本建築学会技術報告集』、25(61):1379-1384。

電通総研 [2023]、「気候不安に関する意識調査 (国際比較版)」、
https://qos.dentsusoken.com/articles/2823/ (最終閲覧日 2024 年 10 月 1日)。

豊田陽介 [2021]、「脱炭素都市・地域づくりに向けた NGO の取り組み」、小端拓郎編『都市の脱炭素化』、大河出版、151-162 頁。

(木原浩貴・豊田陽介)

審議の質疑の受け答えができるのか」との懸念の声が上がり実現しなかった。最終的に同グループの大学生メンバー (22歳) が参考人として出席し、候補となっていた高校生は後ろに控え発言できなかった。

第 5 章

龍谷大学学生気候会議の教訓

5-1　はじめに

　気候危機への対処は今や待ったなしの喫緊の課題である。「例年では考えられない」巨大台風や豪雨による被害が日本でも近年増えている。グテーレス国連事務総長も、2023 年 7 月に、「地球温暖化の時代は終わり、地球沸騰の時代が到来した」発言している[1]。世界的に、このような認識が広がりつつあるなかで、日本での気候危機への理解はそれほど広まっていない (BCG [2024])。それどころか、むしろ 2030 年までの達成を目指す持続可能な開発目標 (Sustainable Development Goals, SDGs) をめぐっても、SDGs はビジネスチャンスであるといったように[2]、本来の理解からかけ離れた受け止め方も少なくない。このような状況下においては、持続可能性についてのあるべき理解の促進が一層重要となっている。それなしに、実体を伴わない見せかけだけの企業や関係者のグリーンウォッシュ、SDGs ウォッシュを防いだり、見破ったりすることはできないからである。

---

　[1]United Nations：https://press.un.org/en/2023/sgsm21893.doc.htm。

　[2]無論 SDGs 実現においてビジネスにも果たすべき重要な役割はある。しかしながら、諸外国と比べて日本では SDGs を一種のはやりとして受け止め、本業の抜本的改革につながっていない表層的な受け止め方が多い傾向がある。

この重要性は近年のコロナ禍によって一層明確となった。世界はようやくコロナ禍から抜け出したような様相をていしている。コロナ禍によって多くの人々は制約を受け、そのような状況から解放されることは望ましい。しかしながら、コロナが人獣共通感染症であり、そもそも人のさまざまな開発行為によって動物の生息領域を犯してしまったことに起因するとすれば、コロナ前の状況に単純に戻れば良いというほど話しは簡単ではない。コロナ禍からの回復に際しては、コロナに至った反省をふまえ、より根本的な対策が打ち出される必要がある。創造的復興が実現されるためには、コロナ禍の背景にある、気候危機を含む数々の環境破壊を生み出してきた人新世 (Anthropocene) 時代の我々の生き方・暮らし方の見直しにもとづく[3]、より抜本的な変革が必要となる。このような抜本的対策の実施には、多くの関係者の協力が必要となる。指導者だけが号令をかけても、市民がついていかなければ変革の実現は望めない。関係者間での一定の理念の共有や、お互いの信頼構築が必要不可欠となる。そのため、コロナ禍からの復興政策自体がそのような協力関係構築のための試金石となる。多様な関係者の協働の実現によってこそグリーン・リカバリーの実現も可能となるからである (OECD [2020])。グリーン復興が実現できなければ、パリ協定が目指している、産業革命前と比べて地球の平均気温の上昇を1.5 度以内におさえるという目標の達成は困難となろう (IPCC [2023])。

それゆえ、特に日本においては、気候危機対策を人任せにせず、自分事としてとらえられるための意識改革と人材育成が急務である。つまり、今求められている脱炭素化 (decarbonization) を[4]、できるだけ多くの私たち自身が担っていけるようになる必要がある。「誰か他のより意識が高い人がしてくれれば良いが、私はどうして良いかわからないし、とりあえず今までどおり暮らしい

---

[3]「じんしんせい」と読む。産業活動による二酸化炭素の排出などにより、人類が地球のあり方に非常に大きな影響を及ぼす新たな時代に突入しているという意味。地質学などの分野だけでなく、思想・哲学をはじめさまざまな分野で重視されはじめた概念である。

[4]所得を増やすために従来は経済成長が重視されてきた。その実現には物質・エネルギー消費の拡大が不可欠になりがちであった。その結果、二酸化炭素を含む温室効果ガスの排出が続き、気候危機が今我々を苦しめている。そのため、人類の豊かさを、温室効果ガス排出がない形で実現することが急務である。詳しくは、有村・日引 [2023] などを参照。

く」というよくありがちな状況から脱却することが極めて大切である。これは広い意味での人材育成といえよう。そのため、大学をはじめとする教育機関の役割は決して小さくない (Robinson *et al.* [2020])。

　本章では、大学における脱炭素化という新しい試みの意義について考察する。大学は各種人材を育成する教育機関として重要であるのみならず、それ自体もかなりの電力やエネルギーを消費するため、大学自体の脱炭素化が必須の課題である。日本でもようやく 2021 年に「自然エネルギー大学リーグ」が発足し[5]、大学の環境負荷の低減と脱炭素化に取り組むネットワークが形成されつつある。文部科学省も「カーボン・ニュートラル達成に貢献する大学等コアリション」の発足を後押しし、これには 180 ほどの大学等の参加が見込まれている[6]。これらは大きな前進と言える。

　しかしながら、2020 年に東京都内の大学を対象とした調査は、大学の脱炭素化が大きく出遅れている現状を明らかにした。東京都内の国公立私立大学 139 校のうち 49 校が回答した調査によれば、以下のような状況が報告されている。

- 約半数が温暖化対策に関するビジョンを持っていると回答したが、その具体的目標のほとんどが都条例、省エネ法等の規制の記載にとどまっている。
- 約半数が温暖化対策に関して部門間横断で協議を行う場・会議等がないと回答している。
- 環境報告書を作成しているのは半数以下であり、規制値以上の目標を記載している大学はほとんどない。
- 環境会計を導入している大学は約 4% と極めて少ない。
- 温暖化対策を進める上での課題は、予算や人員の不足が主な理由として挙げられている[7]。

　さらに、脱炭素化を進める大学の世界的ネットワークである Race To Zero Campaign や、International Universities Climate Alliance への日本からの参加大学は決して多くない。

　このように、大学での対策がようやく開始され始めた中で、本論では学生の

---

[5] 自然エネルギー大学リーグ：`https://www.re-u-league.org/`。

[6] カーボン・ニュートラル達成に貢献する大学等コアリション：`https://uccn2050.jp/`。

[7] 自然エネルギー 100% プラットフォーム：`https://go100re.jp/2492`。

幅広い参加にもとづき気候会議を開催し、大学の政策形成に大きく寄与してきた京都の龍谷大学での経験を報告し、その取組みからの教訓を考える。龍谷大学では、2021年から3年連続で学生気候会議を開催した。会議の開催も1つの大きなきっかけとなり、2022年1月に大学は「龍谷大学カーボンニュートラル宣言」を宣言した。また、2023年6月には、大学の3キャンパスすべての使用電力が100％再生可能エネルギーへと移行した。これは、複数キャンパスを持つ私立大学では日本初である[8]。

5-2　気候会議とは

気候会議 (climate assembly) は、アイルランドやフランス、英国など欧州諸国を中心に実施されてきた (一般社団法人 環境政策対話研究所 [2021a], [2021b]; 三上 [2022])。例えば英国ではこれまでに20を超える地方自治体で実施されてきた (Wells, *et al.* [2021])。欧州諸地域では気候会議の経験が積み重なってきたので、Knowledge Network On Climate Assemblies (KNOCA) というネットワークを形成し、それによってさらなる相互学習の推進と、開催効果の向上を目指している。日本でも、国内初の気候会議とされる「気候市民会議さっぽろ」や「脱炭素かわさき市民会議」、日本若者協議会による「日本版気候若者会議」など次第に取組みが広がっている。

KNOCAによれば、気候会議は民主的原則にもとづく市民参加のプロセスであり、次のように説明される[9]。

気候会議は気候危機の各側面について学び、討議し、行動のための提案を作成するために、無作為に選ばれた一般市民が集まり討議する会議です。「市民会議」という用語はさまざまな意味で使われ、市民陪審のような他の機関も同様の特徴を持っています。

続けて、KNOCAはこの気候会議が重要な理由として以下をあげている。
- 気候政策決定に市民の意見を反映させるため
- 気候行動に関する政治的な行き詰まりを打破するため

---

[8] 龍谷大学：https://www.ryukoku.ac.jp/nc/news/entry-12858.html。

[9] Knowledge Network On Climate Assemblies：https://www.knoca.eu/。

- 一般市民が気候行動をどのように優先するかを理解するため
- 気候変動に関する社会的行動の正当性を高めるため
- ロビイストや特定の利益団体の影響を気候政策から減少させるため
- 気候行動における市民参加の約束を果たすため[10]

今気候危機の分野で気候会議が改めて世界的に注目されているのは、パリ協定やSDGsなど国際的な議論が進み、一定の目標達成が人類のみならず地球上の多くの生命の生存に最低限必要とされる一方で、既存の政治や政策過程がそれらの要請に十分に対応出来ていないからである。気候会議の手法として主に用いられる「市民会議」は、「市民陪審」や「討論型世論調査」などとともに、国や地域のガバナンスにおける市民参画のあり方を検討する「ミニ・パブリクス」の議論などにおいて[11]、これまでにも検討されてきた (Sandover, et al. [2021])。それでもフランスや英国などでの実施のきっかけは、そのような対応の遅れに対する市民社会の不満や若者たちからの改革の要請であった (Mellier and Wilson [2020])。つまり、人間社会の根本的な変革を必要とする気候危機対策に、社会正義や公平性といった視点を包含する「新しい形の民主的正当性」を確保するような意思決定や政策実践が不可欠であると認識されるようになったのである (松橋 [2022]; 三上 [2022]; Sandover, et al. [2020])。

一口に気候会議といっても、その実施の仕方は国や地域によってさまざまである。例えば、2016年から2年間にわたって実施したアイルランドでは、気候変動対策は中絶問題など他の4つの社会課題の1つとして取り上げられた。これに対し、フランスや英国では、気候変動問題のみが集中的に議論された。予算額についても、英国 (52万ポンド) とフランス (540万ユーロ) では10倍近い差がある。一方で、共通点としては、無作為抽出された市民の参加者による議論、気候変動問題に関する専門家からの講義形式の情報インプット、専門家グループによる議論や報告書作成のサポート、最終意見をまとめる際の投票、といった段取りを踏んでいることがあげられる (三上 [2022]; Devaney, et

---

[10] KNOCA : https://www.knoca.eu/climate-assemblies。

[11]「ガバナンス」は、多様な意味で使われるが、気候危機のような複雑な社会的課題の解決には、多様な関係者の協力関係が不可欠なため、協働を支える仕組み作りやその意思決定の過程全般を指すことが多い。より詳しくは、例えば猪口 [2012] を参照。

al. [2020]; Mellier and Wilson [2020])。会議の有効性を確保するために大切な鍵としては、会議における話し合いの場としての公開性や透明性の高さ、思想的偏りのない専門家の助言、利益団体や一部政党による議論の独占の排除、メディアによる広報と監視などである (三上 [2022]; Devaney, *et al.* [2020]; Sandover, *et al.* [2020])。

　これまでの経験によれば、参加者が話し合いを通じて自分自身の理解や行動を振り返り、新しい学びを通じて理解を深め、それによって自身の行動変容の可能性を探ることが大切である。このような一連の過程が参加者に気付きをおこさせるからこそ、そこに行動変容の可能性が生まれるのである。多くの地域で気候会議に参加した人々は、会議終了後もせっかくの学びの機会をその後の生活の見直しにつなげていきたいと希望し、実際同様の考えを持つ人々と行動を起こすことが多数報告されている (三上 [2022])。

　気候会議を実施した多くの国や自治体は、近年しばしばカーボン・ニュートラル宣言や類似の温室効果ガス排出削減目標を策定している。重要なことは、市民の目線で検討し提言をまとめることにより、これらの宣言実行へ向けた脱炭素化政策により実効性をもたすことができるという点である。さまざまな議論を通して、参加した市民が気候変動対策についての知識を深め、行動変容への意欲につなげるなど、気候問題に主体的に取り組むようになることが、大きな成果につながっていくからである (Wells, *et al.* [2021])。近年の多くの持続不可能な出来事が、我々の暮らし方への根本的転換をせまっているが、2020年に発足したEarth4Allもその提言の中で、市民会議を開催し、人々との対話を通じて文明史的転換を実現することの重要性を強調している (Earth4All [2022])。

　このことは、ガバナンスの変革という大きな論点も提起している。例えばアイルランドでは、気候会議での議論が国や自治体の政策に影響を与え、気候変動以外の5つのテーマによる市民会議の成果をふまえて、その後2019年秋に改めてジェンダー平等に関する市民会議を設置した。参加型・討論型民主主義 (participatory・deliberative democracy) の手法である市民会議が既存の代表制民主主義を補完し[12]、アイルランド政府の政策立案における永続的な特徴となりつつある (一般社団法人 環境政策対話研究所 [2021a], [2021b]; Devaney,

─────────────

[12]民主主義も多様な解釈があるが、あることの決定によって影響を受ける全ての人々が、

et al. [2020]:144)。さらに、地球規模の気候危機をめぐるガバナンスには課題も多い中、2021年にはオンラインにて世界各地の人々が気候危機について話し合う会議が開催された[13]。

5-3　龍谷大学における気候会議の開催

龍谷大学では、これまで2021年から3回にわたり、学生気候会議を開いてきた。この会議の目的は次の3つであった。第1に、気候会議を通した人材育成である。熟議の過程を経験することにより、気候危機の背景や課題さらに対策についての理解を深めることである。第2に、学生が科学的知見を得て対話に参加し、大学に提言を行う。これは本来の気候市民会議と同じである。第3に、学生が大学の脱炭素政策・施策の策定過程に参加する糸口を見つけることで、大学の気候ガバナンスの改善へと結びつけることである。これらの目的を実現するために、中立的専門家からの情報のインプットに続き、学生が議論し、意見をまとめ、発表することとした。

さらに、龍谷大学での学生気候会議の特徴は以下のようである。1つ目として、龍谷大学の気候会議は単位履修を目的としていない。つまり、学生にとっての参加動機は、学びや振り返りにある。2つ目に、異なった学部に所属する人々が集まって、気候危機という大きな社会的問題について議論することである。多くの学生たちにとって、普段は接することがない他学部の学生たちと議論することは、大きな刺激となる。さらに、議論のまとめ役であるファシリテーター (facilitator) は研修を受けた学生たちが務め、対話を行いやすい場を設けた。3つ目に、そのような議論によって自分自身も気づきをえることである。脱炭素化の実現には、気づきにもとづく行動変容が不可欠である。4つ目

その決定過程に参加し、さまざまな意見が表明され、議論を尽くした結果のみが、民主的に正当である、というのが基本となる。選挙はそれによって選ばれた代表者が民意をもとに議論するという代表制民主主義の根幹をなす。しかしながら、近年は多くの諸国で投票率の低下などにより、その正統性に疑問が投げかけられている。選挙以外にも人々の意見を反映していこうとするのが、参加型・熟議型民主主義である。市民会議もその1つの形態として近年広がりつつある。以下を参照 (山本 [2021])。

[13] Global Assembly : https://globalassembly.org/。

として、気付いたことから行動を起こせる可能性を考えることである。後でみるように、実際に参加した学生たちによる事後的な行動も起こっている。最後、5つ目に、提言を通じて大学への政策に関与するという意味での主体性の意識の醸成である。最後の2つについては全ての参加学生たちに同程度には当てはまらないが、取りまとめ役を務めた学生たちにとっては、特に重要である。

5-3-1　参加学生の募集方法

開催に向けてまず課題となるのは、いかに参加学生を募集するかであった。龍谷大学では。9学部、1短期大学部に約2万人の学生が3つのキャンパスで学んでいる。環境問題に関心のある学生もいれば、それほどではない学生もいる。仮に環境問題に関心のある学生に訴求できたとしても、気候会議の正当性が多様な価値観や考えをもつ人々の集まりである実社会の縮図であることを想定すれば、元々関心をかなりもつ学生ばかりが集まって議論して出した結論は、必ずしも正統性や有効性が高いとは言えない。さらにさまざまな属性を有する参加者がいてこそ、そこで生まれる対話や学びに深みが出る。とはいえ実際のところ、単位認定などの見返りもない状況で参加者の多様性を確保する特効薬があるわけでもない。3年間の試行錯誤を通して次のような方法で参加を募ることとなった。

①研究協力金の支払い

全日程参加した学生には5000円を支給した。これは、気候市民会議における参加手当にあたる。この協力金目当てで参加した学生もまれにはいたが、参加を促す一定の効力はあり、多様な学生からの申し込みにつながった。

②全キャンパスでのポスター掲示

図5.1のようなポスターを作成し、3キャンパスの立て看、学部の掲示板等への掲示を各所管部署に依頼した。

③ちらしの配布

各回の気候会議の開催前に、チラシを配布をした。各回1500枚を印刷し、3キャンパスの全教員へ依頼文とともに投函した。主催者側の教員が知り合いの教員へ個別の依頼も行った。一部の教員は関連しそうな授業でチラシを受講生

5-3 龍谷大学における気候会議の開催

図 5.1

に配布した。

④学内ポータルサイト掲示板への掲載

ポータルサイトは龍谷大学学生が、大学から全ての情報を受け取るゲートウェイで、ここにも電子的に掲示した。

⑤メールでの募集案内送信

2022年の第2回開催から全学部学生約2万人の2割にあたる学生を無作為抽出し、対象の学生たちのメールアドレスへ一斉配信を行った。

5-3-2　参加学生の内訳

- 定員は50名としていたが、ファシリテーターを含め各回およそ30名程度が参加した。
- 3回ともほぼ全学部から学年の学生が参加した。ただし、例年、実行委員の教員が所属する学部(政策学部、国際学部)の参加学生が多くなっている。
- 1回目と比較し、2・3回目のほうが参加学生の学部数は増えている。第1回は深草キャンパス中心、第2回以降は全3キャンパスへの広報に力を入れ

表 5.1 参加学生の所属学部内訳。

	第1回	第2回	第3回
社会学部	1	1	2
政策学部	14	8	9
文学部	1	4	2
法学部	2	3	1
国際学部	12	2	10
経済学部	2	1	2
経営学部	0	1	2
短期大学部	0	0	0
理工学部	0	1	0
農学部	0	4	1
合計	32	25	29

(出典：筆者作成)

た結果と考えられる。

- 開催キャンパスと異なるキャンパスにて学んでいる学生たちには、気候会議の開催についての理解を得にくかったことは否めない。
- 2021年第1回開催時には、1回生の割合が最も大きく、2回時は2回生、3回時は3回生が最も多く参加している。学年による関心や行動の差の反映かもしれない。

実行委員会の学生を含む参加学生数とその内訳は以下の通りである(表5.1、図5.2、図5.3)。

【第1回】参加学生数：34人(1日目)、33人(2日目)、うち全日程参加学生32人

【第2回】参加学生数：29人(1日目)、25人(2日目)、うち全日程参加学生25人

【第3回】参加学生数：31人(1日目)、30人(2日目)、うち全日程参加学生29人

各回とも会議の事前・事後に参加学生を対象としたアンケートを実施した。気候危機に関しての知識(第2回、第3回で実施)はさまざまであることが明ら

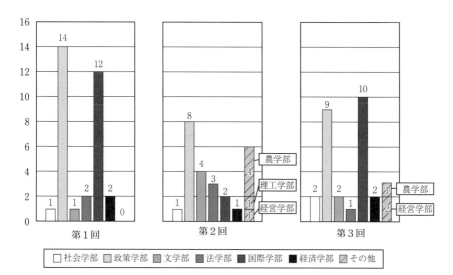

図 5.2　各回の参加学生所属学部の内訳。

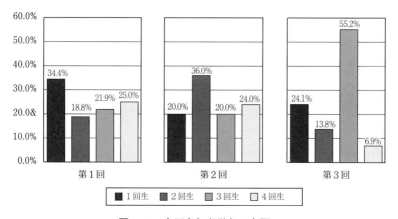

図 5.3　各回参加者学年の内訳。

かである。第2回の事前アンケートでは、「詳しい」(0%)、「まあまあ知っている」(45%)、「あまり知らない」(36%)、「ほとんど知らない」(9%) となり、第3回事前アンケートでも、「詳しい」(7%)、「まあまあ知っている」(36%)、「あまり知らない」(47%)、「ほとんど知らない」(10%) という結果であった。

また、参加理由も多様であった。「何となく」という理由から、「気候変動について深く学びたい」とした学生たちまでいた。また、第2回から実施した無作為抽出で送信したメールがきっかけとなり気候会議に参加した学生も一定数いた。このように、気候会議は多様な参加者の意見集約を目指していたが、その目的にかなった参加者構成であると言える。

5-3-3　ファシリテーション研修

気候危機のような複雑な問題についての話し合いでは、多様な意見が表明されることが想定される。ファシリテーターは、時に対立する意見を尊重しつつも、議論を整理し、対話を深める上で重要な役割をになう。龍谷大学の気候会議の特徴の1つは、ファシリテーター役を学生たち自身が務めたことである。学生の実行委員メンバーには、気候会議に先立ってそのための研修を受講してもらった。研修内容は回によって少し異なるが、毎回プロのファシリテーターによる講義と実践を通してファシリテーターとしての姿勢・スキルを身につけることを目指した。

研修の前半では、一部のメンバーは話し合いの参加者となり、その他のメンバーはその話し合いを観察しながら、ファシリテーターのふるまいや話し合いのプロセスについてのメモを取った。話し合い終了後には、全員で振り返りを行うというものである。この一連の流れを通して、ファシリテーターの技法や、話し合いのプロセスを学ぶのである。

また、研修の後半では、参加メンバーそれぞれが、ファシリテーター役となって話し合いを進めるワークショップを行った。その後、参加者役からのフィードバックをもらい、ファシリテーター役としての振り返りを行った。

最後に、教員や研修講師から、ファシリテーターとして重要なこと(話し合いに臨む態度)、学生気候会議の意義、熟議の重要性についての話を聞き、研修のまとめとした。

5-3-4　気候会議の構成と分担

こうして3回の気候会議は、教員と学生実行委員との協力により実施した。準備や運営はほぼ教員が担ったが、会議のファシリテーターは学生が担った。

教員は、LORCという龍谷大学の研究組織の支援を得た[14]。第1回の会議後に学生参加者が呼びかけて、新しい活動団体OC's (Opportunities and Choices for Students：オックス) を立ちあげた。そのため、第2回、第3回は、OC'sとLORCが共同で企画から実施までを担った。

　付言しておきたいことは、1回目と2回目は、大変多忙な学長自身が会議に参加したことである。このことは、大学のトップとして学生との対話を重視する姿勢を示すのみならず、会議からの提言書を受けてその後の大学の意見集約過程の改革にもつなげていくためには不可欠のコミットメントと言えるからである。そしてその改革を支えるのが仏教SDGsの構想である。これは仏教のなかでも親鸞聖人の教えを建学の精神とする龍谷大学が、「自省利他」という行動哲学に基づく大学運営を実践しようとしていることの証である。

5-3-5　第1回から第3回の気候会議のねらいとプログラム

　各気候会議のねらいは次のようになる。2021年度の第1回(図5.4)では、「学生自身の気候変動問題への理解の深化や主体性の涵養」、第2回では、「ゼロカーボン・ユニバーシティの実現を宣言した大学の気候変動対策に学生目線での提言を行うこと」、第3回は「龍谷大学の近隣の伏見地域において脱炭素化への具体的な貢献を行うこと」であった。回によって検討テーマは異なるが、プログラムのフォーマットはおおむね表5.2、表5.3のようになっている。

5-3-6　学生気候会議を通した学生の変化[15]

　毎回の気候会議後に実施したアンケートでは、2日間の感想、特に印象に残った学び、次年度における再参加、会議主催者へのメッセージについて自由に書いてもらった。3回とも、2日間の感想として、「楽しかった」、「有意義であった」、「勉強になった」と全員が肯定的な感想を持った。また、学年や学部の垣根を越えた他の参加者との話し合いやディスカッションにより多様な意見を知

---

[14] LORC、地域公共人材・政策開発リサーチセンター：https://lorc.ryukoku.ac.jp/。

[15] それぞれの回の会議の様子については以下を参照：

1回目：https://www.ryukoku.ac.jp/nc/news/entry-9635.html、

2回目：https://www.ryukoku.ac.jp/nc/news/entry-11868.html、

3回目：https://lorc.ryukoku.ac.jp/news/news-297/。

表 5.2 全3回のプログラム (第1回 (2021年度))。

1日目 (12/5)		2日目 (12/11)	
テーマ「未来像」を描く		テーマ「今」と「未来」をつなげる「自分」と「社会」をつなげる	
9:30	オープニング、学長挨拶、来賓・講師紹介、グランドルールの提示	9:30	オープニング
10:00	アイスブレイク＋キーワード抽出、共有	9:40	宿題の発表
11:00	話題提供1「気候変動とSDGs」斎藤文彦・国際学部教授	10:00	追加の情報提供「ジャスト・トランジション」
11:30	学生議論1　グループごとに感想と疑問を共有	10:20	グループワーク　1日目に描いた理想「脱炭素社会」と現状とのギャップについて議論。そのギャップを埋めるための方策の検討
11:45	話題提供2「エネルギー」気候ネットワーク上席研究員・豊田陽介先生	13:30	発表とコメント (1グループ5分×8グループ)
12:15	学生議論2　グループごとに感想と疑問を共有	14:30	テーマ別ワーク1「将来像の中での自分をイメージする」脱炭素社会が求められる中で、自分自身はどのような立場で何を実現するのかをイメージし、A4の用紙に書き込んでもらう。
13:30	話題提供3「建築物」京都府地球温暖化防止活動推進センター副センター長・木原浩貴先生	14:50	「龍谷大学への提案」
13:45	学生議論3　グループごとに感想と疑問を共有	15:50	ギャラリーウォーキング
13:55	話題提供4「交通」豊田陽介先生	16:10	話題提供者による少し長めの挨拶 (講師のキャリアの自己紹介、学生へのアドバイス含む)
14:10	学生議論4　グループごとに感想と疑問を共有	16:25	チェックアウト (各参加者からひと言ずつ感想を述べる) 修了証書の授与 クロージング
14:20	話題提供5「食べ物」木原浩貴先生	17:00	閉会
14:35	学生議論5　グループごとに感想と疑問を共有		
14:55	グループワーク「脱炭素社会を描く」講義を踏まえ¡10年後をイメージして¿脱炭素社会の姿を描く		
16:00	ギャラリーウォーキング (ファシリテーターと各班1名はそのまま残り、それ以外の参加者は全員立って、他の班のテーブルに行って絵を見る。各班で残っている1名は説明し、見に行った人たちはわからないところは質問する。時間が許す限り複数のテーブルを見に行く)		
16:20	チェックアウト		
16:25	クロージング		

(出典：筆者作成)

ることができて良かった、という感想が例年7割以上の学生からあげられた。強調してもしすぎることはない点は、毎回参加学生たちが、生き生きと嬉しそ

表 5.3 全3回のプログラム (第2回 (2022) 年度)。

1日目 (12/10)		2日目 (12/17)	
9:15	開会、学長挨拶、来賓・講師紹介、 ガイダンス	9:30	1日目の振り返り、ガイダンス
9:45	アイスブレイクを兼ねたカードゲーム、進行：京都府地球温暖化防止活動推進センター事務局長・川手光春氏	9:35	テーマ2「人材育成における役割」、京都府地球温暖化防止活動推進センター副センター長・木原浩貴先生
13:30	基礎知識提供「気候変動とSDGs」斎藤文彦・国際学部教授	10:25	テーマ2に関するグループワークと全体への議論結果の共有、講師・教員からのコメント
13:45	京都市「脱炭素先行地域について」京都市環境政策局地球温暖化対策室 エネルギー政策部長・永田綾氏	13:15	テーマ3「伏見エリアの脱炭素化における大学の役割」、京都市環境政策局地球温暖化対策室エネルギー企画係長・河合要子氏
14:00	龍谷大学「ゼロカーボンユニバーシティに向けた取り組み」、深尾昌峰・副学長	13:45	テーマ3に関するグループワークと全体への議論結果の共有、講師・教員からのコメント
14:15	テーマ1「大学のハード面での脱炭素化」 気候ネットワーク上席研究員・豊田陽介先生	15:45	参加者の意見集約
15:05	テーマ1に関するグループワークと全体への議論結果の共有、講師・教員からのコメント	16:30	チェックアウト、学長から修了証の交付式
17:00	閉会	17:00	閉会

全3回のプログラム (第3回 (2023) 年度)。

1日目 (12/2)		2日目 (12/16)	
9:15	開会、学長挨拶、来賓・講師紹介、ガイダンス	9:30	1日目の振り返り、ガイダンス
9:45	アイスブレイクを兼ねたカードゲーム、進行：京都府地球温暖化防止活動推進センター副センター長・木原浩貴氏	9:35	テーマ1の議論共有、教員からのコメント
12:05	基礎知識提供「気候変動とSDGs」、斎藤文彦・国際学部教授	10:05	テーマ2「伏見工業高校跡地のライフ・デザイン」、株式会社市浦ハウジング&プランニング大阪支店計画室長・森田恭平氏、木原氏
13:30	京都市「脱炭素ライフスタイルの具体的事例」、京都市環境政策局地球温暖化対策室エネルギー政策部長・佐々木亮太氏	11:15	「オーストリアの事例」、木原浩貴氏
13:50	龍谷大学「ゼロカーボンユニバーシティに向けた取り組み」深尾昌峰・副学長	11:30	テーマ2に関する議論ポイント解説、グループワークと全体での議論結果の共有、講師・教員からのコメント
14:05	テーマ1「大学の脱炭素化へ向けた取り組み」、気候ネットワーク上席研究員・豊田陽介氏	15:45	参加者の意見集約 (ウェブ上)
15:05	テーマ1に関するグループワークと全体への議論結果の共有、講師・教員からのコメント、ファシリテーション・グラフィックを使った振り返り	16:05	チェックアウト、修了証の交付式
16:45	閉会	16:35	閉会、事後アンケート記入

(出典：筆者作成)

図 5.4　第1回目会議での学生たちの討論の様子(筆者撮影)。

うにさまざまな課題を討議する姿であり、それがこの回答にも表れている。

　また、「脱炭素の実現は自分に関わる身近な問題である」とか、「自分でも何かできることをあらためて認識した」といった環境問題を「自分事」としてとらえる意見も多くの学生が書いていた。

　さらに、このアンケートで学生にとって特に印象に残った学びについて聞くと、回答は主催側が毎回の会議デザインで学びのターゲットとしたキーワードと重なっており、気候会議が参加学生の学びの場としても非常に有効であったことがわかる。より具体的には、初対面の参加者の緊張をほぐすアイスブレークを兼ねた「脱炭素化のカードゲーム」(第2、3回)、「龍谷大学の脱炭素への取り組み」(第1回、2回、3回)、「伏見地区の脱炭素のまちづくり」(第3回)、「エコな暮らしに対する楽しさや前向きな取り組み方」(第1回、2回、3回)、などであった。

　この満足度は、別の質問項目への回答からも確認される。すなわち、次年度も気候会議が開催されたら、「ぜひ参加したい」、「参加してもよい」と毎回ほぼ全員答えている。

さらに、2回目と3回目では、龍谷大学の目指す大学像も明らかになってきた。第2回のまとめとしては、技術革新を必ずしも軽視しないが、龍谷大学は最新技術を他の大学に先駆けて率先して導入して日本を先導するという姿ではない。むしろそれよりも、地域との信頼関係のもとに地元の人々と協力して地域密着型活動を地道に展開し、多様な背景を持つ異なった学部や大学院の学生たちがそれらの活動に積極的に参加し、大学が地域と共にカーボンニュートラルの実現に向けて発展していくという姿を目指すべきである、という方向性である。

第3回では、龍谷大学での取組みを、他大学との連携によって、京都市や京都府といったより広域のレベルにまで引きあげ、そのような連携の諸活動に学生たちも積極的に関与していきたいと考えている。とりわけ、この回のような大学からすぐ近くの近隣地域の再開発プロジェクトでは、例えば建築学など通常学ばない知識も必要になるが、その分野は龍谷大学ではカリキュラムとして提供されていないため、他大学との協働はとりわけ大切である、という思いである。

5-3-7 学長への提言

このような会議の取りまとめとして、学長への提言を行った (図5.5)。1回目については、各グループでの議論の様子をまとめた図、ならびにそれぞれのグループから出された具体的な提案事項を整理して、学長に伝えた。第2回と3回目では、学生気候会議の提言書を作成し、参加した学生自身が学長に手渡し、意見交換の機会をもっている。学生と学長の対話の中で、学生からは「学生気候会議は全学部、学年から参加があった。総合大学だからこそ各学部の強みをいかすことができる。気候変動に関して学ぶ機会としても学生気候会議は大きな意義がある。今後も気候会議の開催を大学として支えてほしい」と要望が出され、学長からは「グローバルな課題に身近なところから取り組んでいくことが大切で、学生が真摯に考えてくれた意義は大きい。『私たちの大学』だからこそ、ぜひ継続させてほしいし、全学に広げていきたい」といったやりとりがなされた[16]。

---

[16] 第2回の学生気候会議後の提言書：https://lorc.ryukoku.ac.jp/news/news-234/、第3回：https://www.ryukoku.ac.jp/nc/news/entry-15032.html。

図 5.5　第2回会議の提言書を学長に手渡す(著者撮影)。

　学長へ直接提言書を手渡す場の設定は、学生たちには特別な意味があった。教員のみならず、学生が主体的に参画することで大学での気候ガバナンスの変革を実現するという大きなストーリーを共有し、次につながるプロセスを創り出すための不可欠の機会であった。そして、大学にとっても、このような政策提言を学生から受けるという「初体験」は組織改革への大きなインパクトとなった。

5-4　考察とまとめ

　龍谷大学学生気候会議が目指した3つの目的に沿って、これまでの3回の開催による目的達成度と課題について論じる。

5-4-1　気候会議を通した人材育成

　まず人材育成についてであるが、その目的は一定程度到達していると考える。3回の気候会議によって学生たちの気候危機についての知識は増え、この

問題を自分事としてとらえたり、脱炭素化のための生活改善を前向きに認識していることがうかがえる。加えて、グループのメンバーで協力しあいつつ結論を導く過程で、話し合いの楽しさを感じるのみならず、会議中に何かを成し遂げることで市民性の醸成にもつながっていると言えよう。少なくとも、会議を通して気候ガバナンスに対する参加者の理解度は高まり、気候危機への当事者性の認識も高まったと言える。

　加えて、1回目の会議後に学生団体を組織するリーダーが出てOC'sという組織を立ち上げたことの意義は大きい。OC'sでは、気候変動問題に対して自分たちができることは何かを考えたり発信活動を行った。このグループは同じ龍谷大学の支援を得て、3ZERO CLUBにも登録し[17]、学内にクライメートクロックを掲示し[18]、学生や教職員への啓発活動を行っている。また、グループのリーダー格の学生は、学生のみならず社会人も参加するアースダイアローグという団体の活動にも参加するようになった[19]。

　学生組織の立ち上げだけでなく、気候会議に参加したことで、さらなる意識の向上が芽生え、学内の海外プログラムへの参加や留学につながった学生もいる。とりわけ、2名の学生については、気候会議後の留学が、その後のキャリアへと展開していった。1人は龍谷大学卒業後スウェーデンの大学院修士課程に正規留学し、それを終えた後で外資系の大手コンサルタント会社の日本法人に就職し、民間企業の脱炭素経営の助言をする仕事に従事しはじめた。もう1名は、フィンランドでの問題解決型研修に参加した後、スウェーデンに1年間交換留学し、帰国後京都の環境NGOに就職することとなった。このように、気候ガバナンスを積極的に担える人材育成にも、気候会議は貢献してきたといえよう。

　しかしながら、課題も見受けられる。先述のOC'sは3年目を迎え、メンバーが極端に減り、存続の危機を迎えているという事実に直面している。当然なが

---

[17]貧困、失業解消と地球温暖化の3つはいずれもゼロにできるというムハンマド・ユヌスの主張を実現するための若者の運動。龍谷大学ではユヌスソーシャルビジネスリサーチセンターがこれを支援している。

[18]Climate Clock : https://climateclock.world/。

[19]Earth Dialogue : https://earth-dialogue.org/。

ら地域市民とは違って、学生たちは通常は4年間しか大学にはいない。したがって、大学の気候問題をめぐる意思決定過程の改革の継続的な担い手になるためには、さまざまな工夫がなお一層必要であろう。

5-4-2　熟議の過程をへて大学に提言

これについても、一定程度目標を達成したと言える。第2回、第3回と学生の議論結果(提言書)を学長に提案している。学生たちがあげた具体的な提案が、実現した事例もある。例えば、学内にウォーターサーバを設置するなどである。しかし、一方で、会議期間が2日間という限られた時間のため、学生から出てくる提案の深化がみられないという課題もある。関連して、これまで3回の気候会議を同一キャンパスで実施したことで、異なるキャンパスにて学ぶ学生は参加しにくいことにも起因するかもしれず、今後の継続的な開催には工夫が必要である。ちなみに、2024年の第4回は京都と滋賀の2つのキャンパスで開催予定である。これにより、新たな提案が出てくることを期待している。

5-4-3　大学の気候ガバナンス改革に貢献

この点についても、一定程度目標を達成したと考えている。創立400周年を迎える2039年までに龍谷大学はカーボンニュートラルを目指すとする宣言が2022年1月に出された。気候会議が大きな力添えとなりこの宣言に至ったことは大変喜ばしい[20]。気候会議も一因となり、2024年度より大学内にカーボンニュートラルを推進するための事務組織である「サステナビリティ推進室」が立ち上がった。学生気候会議が、龍谷大学の気候ガバナンスにおいて重要な役割を担うことが、全学的にも認められた形となる。問題は、この推進室が今後どのように大学の教育・研究活動全般と連携し、大学が宣言している目標の実現に寄与していくのかである。現在のところはこの推進室の関係者も含めて、気候会議の継続的な準備・運営に携わる人員はまだ限られているというのが実情である。今後運営体制を拡充していくことが求められる。さらに、学生気候会議の特徴である学生メンバーを大学の意思決定過程にどう位置づけるかは、1回目の気候会議の開催以来検討はされてきたが、諸般の事情から未だに明確

---

[20]龍谷大学：https://www.ryukoku.ac.jp/nc/news/entry-9892.html。

な形では決着していない。上の項目で触れたように、学生の関わりが短い期間であるとしても、この点をどう抜本的に解決するのかは、仏教SDGsを理念に終わらせず、大学自体のさまざまな制度改革の過程に反映する意味でも重要である。

■参考文献

有村俊秀・日引聡 [2023]、『入門環境経済学 新版：脱炭素時代の課題と最適解』、中公新書、中央公論社。

Boston Consulting Group (BCG) [2024]、『サステナブルな社会の実現に関する消費者意識調査結果』、https://www.bcg.com/ja-jp/publications/2023/understanding-a-sustainable-society (最終閲覧日2024年8月7日)。

猪口孝著 [2012]、『ガバナンス』、東京大学出版会。

一般社団法人 環境政策対話研究所 [2021a]、『欧州気候市民会議：市民から変える脱炭素社会のゆくえ』、https://inst-dep.com/ (最終閲覧日2024年8月7日)。

一般社団法人 環境政策対話研究所 [2021b]、『欧州気候市民会議：脱炭素社会へのくじ引き民主主義の波』、https://inst-dep.com/ (最終閲覧日2024年8月7日)。

気候市民会議さっぽろ2020実行委員会 [2021]、『気候市民会議さっぽろ2020最終報告書』、https://citizensassembly.jp/activities/210 (最終閲覧日2024年8月7日)。

斎藤文彦 [2022]、「龍谷大学学生気候会議の教訓」、『国際開発学会第33回全国大会発表論文集』、国際開発学会組織委員会、明治大学。

斎藤文彦、的場信敬、村田和代、川井千鶴、江欣樺、山崎暢子 [2022]、「龍谷大学学生気候会議：対話を通した脱炭素社会の形成」、村田和代編著『「対話」を通したレジリエントな地域社会のデザイン』、日本評論社。

松橋啓介 [2022]、「気候市民会議により持続可能な地域社会への道筋を示す」、https://www.nies.go.jp/kanko/news/41/41-3/41-3-02.html (最終閲覧日2024年8月7日)。

的場信敬 [2023a]、「龍谷大学の気候ガバナンスへの学生参画を期して：第2回龍谷大学学生気候会議」、『LORCジャーナル』、Vol.18, pp.2-4。

的場信敬 [2023b]、「「龍谷大学学生気候会議」：大学の気候ガバナンスにおける学生の参画に向けて」、『日本環境学会第49回研究発表会2023発表予稿集』、pp.7-8。

三上直之 [2022]、『気候民主主義：次世代の政治の動かし方』、岩波書店。

村田和代 [2023]、『優しいコミュニケーション：「思いやり」の言語学』、岩波新書。

山本圭 [2021]、『現代民主主義：指導者論から熟議、ポピュリズムまで』、中公新書、中央公論社。

龍谷大学・第2回龍谷大学学生気候会議運営委員会 [2023]、『2022龍谷大学学生気候会議提言書』第2回龍谷大学学生気候会議運営委員会、`https://lorc.ryukoku.ac.jp/news/news-234/`（最終閲覧日2024年8月7日）。

龍谷大学・第3回龍谷大学学生気候会議運営委員会 [2024]、『2023龍谷大学学生気候会議提言書』第3回龍谷大学学生気候会議運営委員会、`https://www.ryukoku.ac.jp/nc/news/entry-15032.html`（最終閲覧日2024年8月7日）。

Climate Assembly UK [2020], *The path to net zero: Climate Assembly UK Full report*, `https://www.climateassembly.uk/report/`（最終閲覧日2024年8月7日）.

Devaney, L., Torney, D., Brereton, P. and Coleman, M. [2020], "Ireland's Citizens' Assembly on Climate Change: Lessons for Deliberative Public Engagement and Communication," *Environmental Communication*, 14(2), pp.141-146, `https://doi.org/10.1080/17524032.2019.1708429`（最終閲覧日2024年8月7日）.

Earth4All [2022], *Earth for All: A Survival Guide for Humanity, Executive Summary*, `ttps://earth4all.life/publications/`（最終閲覧日2024年8月7日）.

Intergovernmental Panel on Climate Change (IPCC) [2023], *Summary for Policymakers. In Climate Change 2023: Synthesis Report*, Contribution of Working Groups I, II and III to the Sixth Assessment Report of the IPCC [Core Writing Team, H. Lee and J. Romero (eds.)]. (IPCC, Geneva, Switzerland).

Mellier, C. and Wilson, R. [2020], "Getting Climate Citizens' Assemblies Right," `https://carnegieeurope.eu/2020/11/05/getting-climate-citizens-assemblies-right-pub-83133`（最終閲覧日2024年8月7日）.

OECD [2020], "Cities Policy Responses," `https://read.oecd-ilibrary.org/view/?ref=126_126769-yen45847kf&title=Coronavirus-COVID-19-Cities-Policy-Responses`（最終閲覧日2024年8月7日）.

Robinson, Zoe P., Philip Catney, Philippa Calver, and Adam Peacock [2022], "Universities as Living Labs for Climate Praxis," in Candice Howarth et al. (eds.), *Addressing the Climate Crisis*, (Basingstoke: Palgrave Macmillan).

Sandover, R., Moseley, A. and Devine-Wright, P. [2021], "Contrasting Views of Citizens' Assemblies: Stakeholder Perceptions of Public Deliberation on Climate Change," *Politics and Governance*, 9(2), pp.76-86, DOI: `https://doi.org/10.17645/pag.v9i2.4019`（最終閲覧日2024年8月7日）.

Wells, R., Howarth, C. and BrandCorrea, L. I. [2021], "Are citizen juries and assemblies on climate change driving democratic climate policymaking? An exploration of two case studies in the UK," *Climatic Change*, 168(5), `https:`

//doi.org/10.1007/s10584-021-03218-6 (最終閲覧日2024年8月7日).

注 学生気候会議の開催にあたっては、学生活動支援制度「龍谷チャレンジ」ならびに地域公共人材・政策開発リサーチセンター (LORC) の支援を受けた。本考は斎藤ほか [2022]、斎藤 [2022]、的場 [2023a]、的場 [2023b]、ならびに村田 [2023] の成果をさらに発展させたものである。

(斎藤文彦・村田和代・風岡宗人)

第 6 章
オーストリアにおける気候変動教育
—— 制度・仕組みによるインパクト

6-1　オーストリアの教育制度

6-1-1　オーストリアの教育制度の概要

　第4章で確認した通り、気候変動教育に求められる役割は大きく変化している。では、オーストリアではどのような気候変動教育が行われているのだろうか。そしてそこから日本が得られる示唆は何であろうか。本章ではこれを確認していく。

　オーストリアの教育制度は日本とは異なるため、オーストリア教育科学研究省 [2022] をもとにこれを簡単に整理しておきたい。

　日本では、小学校 (6年間) と中学校 (3年間) の計9年間が義務教育であり、これに高等学校 (3年間) や高等専門学校 (5年間)、大学 (4年間) や短期大学 (2年間) などの高等教育が続く。一方、オーストリアでは、小学校に該当するフォルクスシューレ (Volksshule) (4年間) と中学校に該当するミッテルシューレ (Mittelschule) または AHS (Allgemeinbildende hhere Schule) の下級課程 (いずれも4年間)、の計8年間に次の進路の1年を加えた9年間が義務教育である。フォルクスシューレは6歳から10歳までが、ミッテルシューレ及び AHS 下級課程には10歳から14歳までが通う。AHS は、いわゆるギムナジウムと呼ばれる大学進学を前提とした学校であり、AHS 上級課程 (4年間) を経て、マ

トゥーラ (Matura) と呼ばれる大学入学資格を得て、大学へと進学する。ミッテルシューレを卒業した子どもたちの多くは、関心に応じてさまざまな職業学校へと進んでいく。10歳の時点で職人を目指すか大学を目指すかの選択をする点が日本との大きな違いである。ただし、完全に分岐するのでは無く、ミッテルシューレを経て大学に進むことも可能である。なお、オーストリアの教育制度改革については、例えば伊藤 [2013] 等を参照されたい。

6-1-2 連邦・州・基礎自治体の役割分担

連邦政府は、こうした教育制度を整備するとともに、後に紹介する通り連邦規模で連携して行う教育の枠組を整える。州政府 (州の教育局) は、6歳から18歳までの教育に関する予算と人事を所管する。また、教員養成も州の教育大学が担う。基礎自治体は、フォルクスシューレ・ミッテルシューレ等の建物を整備することとなる。

次節以降では、筆者らが行ったヒアリング調査や文献調査の結果をもとに、連邦、州、基礎自治体のそれぞれにおいて、気候教育に関連してどのような取組が行われているのかを具体例をもとに見ていく。

6-2 連邦政府の気候変動教育

6-2-1 持続可能な開発のための環境教育に関する基本令

オーストリア連邦政府は、2014年に「持続可能な開発のための環境教育に関する基本令」(Grundsatzerlass Umweltbildung für nachhaltige Entwicklung) を改訂した。同基本令は、環境教育を社会の持続可能な発展に貢献するものと位置づけ、「環境教育の目標」の項目には、学生に与えられるべき機会として「技術の変化を理解し、これを長期的な新たな開発の機会と見なすこと」、「責任ある国民としての民主的責任を認識し、個人の視点や価値観を発展させ、社会形成プロセスに積極的かつ建設的に参加すること」などが掲げられている。

また、コンピテンシーとして「知識を構築し、反映し、継承する能力」、「態度を育てる能力」、「評価、決定、実行する能力」を掲げ、「評価、決定、実行する能力」においては、「学校、地方、地域、世界レベルでの行動の影響を評価し、消費、使用、活用について責任ある決定を下すことができる」、「公の場

で意見を表明し、持続可能な開発に向けた取組に参加できる」としている。

加えて、異なる価値観や利益を調和させることの必要性を強調し、「環境教育は民主的な態度と行動を促進し、社会紛争に建設的に対処するための前提条件を作り出す」としている。

この基本令は、義務教育のみならず、学童保育も含めたすべての学校教育に適用されるもので、これに基づいて具体的な教育、教員研修などを実施することが義務づけられている。

6-2-2　エコローグ

エコローグ (ÖKOLOG) は、連邦教育省によって「持続可能な開発のための環境教育」という理念を実装するために開始されたプログラムである (図6.1)。1990年代に制度設計がなされ、2000年に最初の学校がネットワークに参加した。以降、20年以上にわたって取組が続けられており、現在、オーストリア全土の約700の学校と14の教育大学が参加する。2014年に改定された基本令の内容も現在のエコローグに組み込まれている。

参加を希望する学校は、下記の10のステップを実践することが求められる。

- ステップ1：学校の合意形成
- ステップ2：学校チームの結成とコーディネーターの選定
- ステップ3：現状の分析と対策の選定
- ステップ4：優先順位の設定
- ステップ5：明確な目標の設定
- ステップ6：プロジェクトの開発と計画
- ステップ7：プロジェクトの文書化
- ステップ8：管理・振り返り
- ステップ9：成功の祝福、チームの鼓舞
- ステップ10：成功したプロジェクトの日常化

エコローグに取り組む学校を支援するため、すべての州に「エコローグ地域チーム」が組織されている。地域チームは、州の教育局や専門家らで構成されており、学校へのアドバイス、研修、ネットワークミーティング、そして年次報告書の作成補助など、さまざまなサポート活動を実施する。具体的な取組に

図 6.1　エコローグのイメージ図。https://oekolog-at/ より。

対しては、プロジェクトごとに最大1,000ユーロの補助が行われる。この補助は、エコローグと、後述の環境ラベル学校に参加する学校のみを対象としている。このように、単なる登録制度ではなく、具体的な取組を進めるための支援体制が整えられていることが特徴である。

なお、エコローグは気候変動のみならずあらゆる環境問題を対象とするが、3年ごとに共通の重点項目が設定されることとなっており、2020/21～2023/24の3年間のメインテーマは気候変動対策に設定されている。

6-2-3　環境ラベル学校

オーストリアではさまざまな製品やサービスに環境ラベルが導入されている。環境ラベルの1つとして連邦政府によって2002年に「学校及び教員養成大学」を対象とする環境ラベルの認証が開始された。認定校の数は年々増加して

おり、2022年時点で152校に上っている[1]。エコローグが比較的簡単に参加できる仕組みで「入り口」の役割を果たすのに対し、環境ラベル学校は第三者による審査が必要なレベルが高い制度となっている点が特徴的と言える。

認定期間は4年間であり、4年ごとに改めて認定を受ける必要がある。下記の10分野の取組のうち、最初の審査では少なくとも7分野において、2回目以降の審査では残りの3分野も含めて基準をクリアする必要がある。

1. 環境管理、情報、社会
2. 教育の質、持続可能な開発のための教育
3. エネルギーの使用、節約、建築物
4. 学校の屋外エリア
5. 健康増進、人間工学、室内空間
6. アクティブな移動、通学、交通機関
7. 調達、教育資材
8. 食品や飲料の提供を含む栄養
9. 化学製品と清掃
10. 水、排水、廃棄物の発生抑制、削減

ガイドラインでは、それぞれの分野において必須項目と推奨項目が設定されている。例えば3番目の「エネルギーの使用、節約、建築物」においては、必須項目として「最適化の提案を伴うエネルギー及び外壁の分析」、「エネルギー使用状況の分析」、「継続的なエネルギーの計算」、「省エネ照明の導入」が、推奨項目として「正しい照度管理」、「デバイス機器」、「エネルギー分野の教育活動」、「建築基準」、「暖房、冷房、換気、温水」、「エネルギー供給」、「適切な室温」、「窓とドアの気密性」、「ラジエーターからの放熱」、「環境ラベル電力」が設定されており、それぞれの項目で具体的な取組の内容が示されている。推奨項目では、実施内容に応じてポイントが付与される。総獲得ポイント数は、初回審査では50ポイント、4年後の更新審査以降は85ポイント以上である必要がある。

実施に当たっては、外部の専門家によるアドバイスが強く推奨されており、

---

[1] https://www.umweltzeichen.at/site/assets/files/1753/uz-301_factsheet2022.pdf。

アドバイザー派遣費用は基本的には州政府によって補助が行われる。またサーモグラフィや照度計などの計測キットの貸し出しも行われる。

　詳細な取組のリストを整備し、専門家による伴走支援を行い、必要な機器も提供するなど手厚いサポートが行われることで、学校教員が「専門性が足りない」、「何をして良いかわからない」という障壁に直面しないようになされている点が特徴的と言える。そして、枠組を作るのが連邦政府の役割であり、伴走支援は州政府や関連団体が担当することとなる。

6-3　州レベルの気候変動教育

6-3-1　フォアアールベルグ州教育局による気候変動教育

　州レベルの気候変動教育として、例えば、シュタイアーマルク州における気候変動教育については高橋ら[2017]がすでに報告しているが、ここではフォアアールベルグ州及びチロル州の例を取り上げる。

　フォアアールベルグ州は、オーストリアの最西端に位置する人口40万人弱の州である。州は、2050年までのエネルギー自立を目標に掲げており、教育局もこれに基づいた取組を進めている。

　同州には、163のフォルクスシューレ、56のミッテルシューレがあり、それぞれ約1.8万人、約1.2万人の児童・生徒が通う。フォルクスシューレ1学年あたりの平均人数は30人弱であり、小規模な学校が多いことがわかる。州の教育局は、連邦政府が整備する枠組を活用して学校のサポートを行い、州内のインスブルック市にある教育大学等と連携して教員研修も行う。また、エネルギー研究所フォアアールベルグをはじめとするさまざまな団体と連携して具体的な教育プログラムを提供するとともに、e5制度[2]を通じて基礎自治体による学校の脱炭素化をサポートしている。フォアアールベルグ州は、e5制度を早くから活用してきた州であり、学校を含む多くの施設の脱炭素化が進められてい

---

[2]自治体のエネルギ-対策に関するクオリティ・マネジメント制度。自治体は、エネルギー・エージェンシー等のサポートを受けながら対策カタログに基づいて対策を実施し、実施率を高めていく。外部の第三者によって評価され、実施率によってe1から最高ランクのe5までの認証を受けることができ、実施率が上位の自治体は州知事とうからの表彰を受ける。ヨーロッパ全体の「ヨーロピアン・エナジー・アワード」とも互換性がある。

る (豊田ら [2021])。州の教育局は、エコローグ地域チームの事務局・コーディネーター機能も果たしており、参加校の拡大や取組のネットワーク化、年次報告書の作成サポートなどを行っている。州の 12 の学校がエコローグに参加している。また、18 の学校が環境ラベル認証を受けている。

　特徴的なのは、2022/23 年度より、教育局が所管するすべての学校に 1 名の環境・気候保護担当者を配置したことである。教員は、週の 24 時間の勤務時間のうち 22 時間は教育等に、残りの 2 時間は社会課題等のために費やすこととなっており、環境・気候保護担当者になった教員は、学校での取組の中核となることが期待される。これについて教育局の担当者は「FFF（フライデーズフォーフューチャー）」などの取組もあって関心が高まっており、当然ながら学校も対策を行う必要がある。担当者を設定することによって、教員はボランティアとしてではなく、業務として気候変動対策を担えることとなり、教育局としても仕事として学校の取組に関与できる」と語る。

　もう 1 つの特徴は、FFF の気候ストライキへの参加を授業時間として認めていることである。FFF によって年に 2 回ほど規模の大きな気候ストライキが実施されるが、教育局は事前学習やストライキへの参加、振り返り学習を正式に授業としてカウントすることを認めている。もちろん、参加したくない人は学校に残る選択をすることもできる。これについて教育局の担当者は、「もちろんはじめは教育局の中でも議論があった。ただ、子どもたちが意思表示をして、子どもたちが戦っている。子どもが自分たちの考えを表現することを、教育局は支援したい」と語る。

　このように、州の教育局は、教育活動を直接行うわけでは無いが、州内のさまざまな制度を整備し、研修を行い、専門家と学校をつなぐなど、教育現場をサポートする役割を担っている。(♯1)

6-3-2　エネルギー研究所フォアアールベルグによる気候変動教育

　フォアアールベルグ州の目標である 2050 年までのエネルギー自立に向け、重要な中間支援機能を果たしているのが、州が中心となって立ち上げたエネルギー・エージェンシー「エネルギー研究所フォアアールベルグ」である。同研究所の取組みやこれを含むエネルギー・エージェンシーの役割については平岡

ら [2016] 等に整理されているが、そこでも言及されている通り、同研究所の重要な役割の1つが人材育成であり、エネルギーアドバイザー養成など社会人向けの教育プログラムの他、発達段階に応じた子ども向けの教育活動も実施している。

　まず幼稚園向けには「未来の王国」というプログラムを準備している。プログラム実施のために、エネルギー研究所が研修プログラムを準備し、幼稚園の先生が研修を受けてそれぞれの保育園でプログラムを実施する。幼稚園の先生は、年に何時間かの研修を受ける義務があり、このプログラムの研修もそれにカウントされることになっている。幼稚園では、ソーラークッカーで調理をしたり、徒歩で通園するとポイントがもらえたり、エネルギーをテーマにしたミュージカルを創って発表したり、さまざまな取組を行う。年の最後には、先生方に集まってもらって州の大臣が取組をねぎらい祝福するイベントを実施する。州には約250の幼稚園があるが、その半分がこのプログラムに参加している。ある基礎自治体では、自治体内の11の幼稚園すべてがこれに参加しており、園で省エネに取組み削減されたエネルギー代金の半分は幼稚園の報酬になる、いわゆる50-50を実施しており、そのお金で遠足に行ったりしている。

　幼稚園向けのもう1つのプログラムは「太陽の幼稚園」である。研究所がハンドブックと教材を準備してサポートする。基礎自治体の関与が義務となっており。自治体は幼稚園の屋根に太陽光発電を設置する。そして子どもや親への展示、啓発を行う。もちろん参加自治体には州から助成金が支払われる。この仕組みにより、州内に40の「太陽の幼稚園」が生まれた。

　フォルクスシューレ向けには、エネルギー研究所からの出前授業を準備している。1週間ずつの間をあけて3回訪問し、その間にエネルギーについて学び、電力メーターや温度計を自宅に持って帰って測定をし、親と一緒に省エネについて話し合い、学校で経験交流を行うというプログラムである。1年間に80クラス×3回＝240回 の出前授業を実施した。出前授業のファシリテーターは、研究所の専従職員の他、自治体職員や定年退職した教師などにも担ってもらっている。

　ミッテルシューレ向けには、例えば持続可能なモビリティをテーマとするワークショップを提供している。オーストリアでは15歳から原動機付自転車に

乗れるが、そのタイミングより前に自転車やEバイク、公共交通を使うという選択肢を知ってもらうためである。研究所から2回×2時間の出前授業を行い、3回目にはブレゲンツに来てもらって、電動アシスト自転車などさまざまな乗り物に実際に乗ってもらう。

　それより年上の子たち向けには、例えば国語の先生と連携した詩の朗読会を実施している。半日間×2回の出前授業によるプログラムで、最初に情報提供を行った後に、専門家も交えて一緒に詩を作成して最後に発表し合う。あるいは、年に10回くらい「チェンジング・ザ・ゲーム」というプログラムも実施している。これは、子どもたちにエネルギー担当の政治家になってもらい、レゴブロックやカードからなるワークショップツールをつかって地域ごとにエネルギー転換を進めるシミュレーションゲームである。「エネルギーアカデミー」という10代後半の若者向けの5回で構成されるプログラムも実施しており、例えばバイオマスの地域熱供給施設など現場見学を行い、最終日には州の政治家とディスカッションを行うプログラムである。(♮2)

6-3-3　エネルギー・エージェンシー・チロルによる気候変動教育

　チロル州は、オーストリア西部の山岳地帯に位置する人口80万人弱の州である。チロル州も、州の気候変動対策計画である「エネルギーチロル2050」を掲げ、フォアアールベルグ州と同じくエネルギー自立に向けた積極的な取組を行っており、州が出資するエネルギー・エージェンシー「エネルギー・エージェンシー・チロル」が中間支援機能を果たしている。

　エネルギー・チロルは、フォルクスシューレやミッテルシューレなど義務教育の学年を対象に、出前授業のプログラムを準備している。この出前授業は州と連携して実施し、州の大臣が署名する文書で通知されるオフィシャルなものである。プログラムの内容は、実験によって太陽光発電について学ぶもの、水をテーマに水の循環から水力発電までを学ぶもの、電力計測器を使って家庭のエネルギー消費量を調査するもの、学校の暖房や給湯の仕組みなどを学ぶものなどがある。また、チロル州のエネルギー自治について学ぶ9年生(日本の中学3年生にあたり、義務教育最後の年)対象のプログラムや、先述の「チェンジング・ザ・ゲーム」というシミュレーションゲームを活用してエネルギー転換

を進める16歳以上向けのメニューも準備されている。出前授業の回数は、年間で250〜300回にのぼる。

エネルギー・チロルは、2016/17年に第1回の「チロル子ども気候会議」を開催した。子どもたちが気候変動について学び、提案を考えて1クラス1枚のポスターをつくって州の政治家を対象に発表した。この第1回会議には、州内の18クラス約350人が参加した。第2回の会議は、議論している場合ではないという危機感から「チロル子ども気候アクション」と名称を変更し、「新型コロナウイルスの影響で、ワークショップコーディネーターの派遣が出来なくなったが、代わりに動画でインプットを行い、学校の先生がコーディネーターを務めてクラスごとにアクションを考え、専門家がビデオ通話でアドバイスを行う型式となった。例えば、車利用削減を呼びかける木製のキーホルダーをつくって地域の家庭に配布する、音楽家と一緒に曲をつくり政治家向けに「議論だけではなく本当に実践してよね」とメッセージを伝えるなどのアクションが行われた。

オーストリアでは、義務教育の後にギムナジウムに進むか、職業教育を受けるかに進路が分かれる。職業学校へ進むと、働きながら学校に通うことになる。その子たち向けに「エネルギースカウト」というプログラムを開発した。このプログラムは2段階から構成されており、第1段階ではエネルギー・チロル2050の概要やライフスタイル、交通などについての基礎情報を学ぶ。2段階目では「チェンジング・ザ・ゲーム」の体験や現場の視察を経て、自らが働いている職場でのエネルギー面での取組を考案・提案・実践し、その内容を発表して共有する。(♯3)

このように、フォアアールベルク州・チロル州ともに、エネルギー・エージェンシーが、州の政策の実現を実現するために、学校や自治体、企業らと連携して気候変動教育を実施しており、これが教育の質の向上や教員の負担軽減にもつながっている。

6-3-4　気候同盟チロルの気候変動教育

学校での気候変動教育のサポートを行っているのは、州政府が関与するエネルギー・エージェンシーだけではなく、さまざまな団体が関わっている。その

代表的なものが、気候同盟 (Klimabündnis) である。ここでは気候同盟チロルの取組を取り上げる。

気候同盟は、26 カ国 1700 都市が参加する国際的な NGO である。そのうち1000 都市はオーストリアにあり、オーストリアは気候同盟の活動が最も盛んな国の 1 つと言える。気候同盟の取組の特徴は、自らの地域で気候保全に取り組むだけでは無く、熱帯林の先住民族と協力して熱帯林保全にも取り組む架け橋となっている点にある。

気候同盟チロルは気候同盟の支部の 1 つで、チロル州の他、82 の基礎自治体、63 の学校や幼稚園、100 以上の企業が会員となっている。気候同盟チロルの取組の内で最も重視されているのは教育活動であり、持続可能開発に関する教育についての環境ラベル (UZ302) の認証を取得しており、環境教育を担う機関として一定の品質を持っていると言える。

学校への出前授業を精力的にこなしており、新型コロナウイルスが流行する前には年間 200 回以上の授業を実施しており、2022/23 にも 130 回を超える授業を実施した。出前授業は、会員の学校だけではなく、チロル州のすべての学校を対象としている。なお、学校会員の会費は無料である。こうした取組の予算は、基礎自治体からの会費や州政府からの助成金でまかなっている。

出前授業は 1 回 2 コマを基本とし、エネルギー、土壌、食の地産地消や肉の消費の削減、交通などさまざまなテーマについての授業を実施するとともに、必ず生活と熱帯林のつながりについても伝え、グローバルな視点の必要性を訴えている。授業の内容は、公共交通の時刻表の見方、公共交通の乗り方などすぐに行動を変えられるような生活に直結したものから、世界のエネルギー消費状況と気温変化のシミュレーションソフトを使ってカーボンニュートラルを目指すロールプレイまで、幅広く行われている[3]。

出前授業だけではなく、学校と連携したプロジェクトも実践している。その1 つがペディブス (Prdibus 歩くバスという意味) と呼ばれるプロジェクトである。オーストリアの農村部では、親が子どもを送り迎えするために学校の周りが渋滞してしまうという課題がある。この状態だと、子どもを徒歩で学校に通

---

[3] 使用されているシミュレーションツールの日本語版はこちら：`https://en-roads.climateinteractive.org/scenario.html?v=24.8.0&lang=ja`。

わせるのが危険と判断した親がさらに増えて、悪循環を起こしてしまう。そこで、学校の開始時期の1〜1.5ヶ月間、集団登校を支援する。子どもたちには楽しんでもらえるように、シールをプレゼントして集めるとご褒美がもらえるような工夫を行っている。チロル州では30ヶ所ほどでペディブスプロジェクトが行われていて、毎年数が増えている。ペディブスをきっかけに、車での送迎を禁止した学校もあり、学校の先生も保護者も「安全性が高まった」と歓迎しているという。ペディブスを実施しない学校でも、自転車通学にポイントを出してクラスごとに獲得ポイントを競うなど、自動車通学の削減を働きかけている。(♯4)

6-4　基礎自治体レベルの気候変動教育

6-4-1　基礎自治体の役割

　上述の通り、気候変動教育の枠組や大きな支援体制は連邦政府が整備し、学校現場での気候変動教育のコーディネート、サポートは、州政府(教育局)やエネルギーエージェンシー、さまざまな団体によって行われる。基礎自治体や学校は、こうした支援を元にした気候変動教育を実践していくことになる。そして、基礎自治体の非常に重要な役割の1つは、学校の脱炭素化と、それを通じたメッセージの発信、人材育成である。フォルクスシューレやミッテルシューレの建物の建設及び管理は基礎自治体の権限・責務である。基礎自治体にとって、公共建築物の脱炭素化は極めて重要な仕事である。というのも、これによって建築業者のスキルを向上させ、脱炭素社会を住民の身近なものとして認識してもらうことができるからである。とりわけ学校の断熱化・脱炭素化は、コミュニケーション手法として極めて重要であり、e5制度等を通じて強く推進されている。

　ここではフォアアールベルグ州の2つの事例を紹介する。

6-4-2　メーダー村エコ中学校

　メーダー村は、フォアアールベルグ州の西、スイスとの国境に近い場所に位置する村である。歴史的には、ライン川の氾濫が多く、貧しい地域であった。樹木による自然災害対策などを積み重ねるなかで持続可能性に対する意識が

高まり、1992年以降、住民参加型の街の発展計画の整備・改定が重ねられてきた。

村の開発計画の軸になったのが、フォルクスシューレ、ミッテルシューレなどが立地する公共建築群であった。一体のエネルギー供給のために木質バイオマスを燃料とする地域熱供給網を整備し、2007年には、村の新築公共建築物は極めて高い断熱省エネ基準であるパッシブ基準を満たさなければならないことを決議した。これを支えているのがエネルギー研究所フォアアールベルグである。村長は、1995年の選挙でエコ・ミッテルシューレの建設を公約に掲げて当選し、長期的なトータルコストを計算できるコストマネージャーも雇用し、計算を重ねて現在のエコ・ミッテルシューレの建設を実現した(図6.2)。

(撮影：木原浩貴)

図 **6.2**　メーダー村エコ中学校の様子。

ミッテルシューレは現在、エコローグ、環境ラベル学校、気候同盟学校の3つに参加している。建物は、鉄筋コンクリートのスケルトン構造を活用して内装を木質化したものである。外皮は、トリプルガラスの外にさらにガラスを配置するダブルスキン構造となっている。エネルギー消費量の基準値は80kWh/m^{2}だが、立方体に近い形状にして建築物の表面性を少なくすることで48kWh/m^2

に減らし、吸気用の空気を地下のヒートチューブを通して行うなどの工夫で、最終的には19kWh/m²まで減らすことに成功した。設計温度はマイナス15°Cだが、地下のヒートチューブを通した空気は通年8°C程度なので非常に省エネ効果が高く、夏にも涼しい空気を取り入れることが可能となっている。

なお、2014年に建て替えたフォルクスシューレのエネルギー消費量は8kWh/m²となっており、さらに高い省エネ水準となっている。

太陽光発電も設置したが、当時は費用も高かったのでクラウドファンディングで一口700ユーロの出資を募った。出資者は毎年「太陽祭り」に招待し、食べ物と飲み物2杯までを提供して、交流してもらっている。このサービスは毎年地元のNPOに依頼して実施しており、売上が上がるので、NPOの活動支援にもなっている。祭りを通して持続可能性について毎年テーマを決めて、電気自動車、蓄電、持続可能な清掃などに関する情報提供を行っている。

学校を含む公共施設の電力はすべて再エネ100%でまかなっており、オイルのボイラーは全廃しほとんどを木質燃料でまかなっており、一部はガスを使用しているがこれもバイオガス認証をつけていて、CO_2排出量はゼロ以下となっている。

これらを支えているのがe5の認証システムであり、ヨーロッパ全体で22位の評価を受けている。

村長は「太陽祭りなどを活用した住民とのコミュニケーションが非常に重要。そして重視しているのは学校での授業、ミッテルシューレではさまざまな重点項目を設定して授業を行うことができるが、ここでは環境を重視しており、校舎もこれに対応するものにして導いてきた」と語る。

そのミッテルシューレでは、5〜6年生に「環境」という科目を週に2時間確保して授業を行っている。環境ラベルを取得しており、この認証を受けるために、建築物の性能のみならず、清掃の方法やそこで使う洗剤、授業の内容、そして子どものおやつも環境や健康に配慮したものとなっている。各学級の代表者による「エコロジカルな生徒議会」が組織されており、そこがさまざまな取組を自主的に行う。「健康なおやつ」もこの生徒議会のアイデアであり、逆にコーラの自販機設置はこの生徒議会によって否決されたという。

環境ラベル—学校の認証・更新は難しいが、エネルギー研究所フォアアールベルグの伴走支援によって実現できているという。(♯5)

6-4-3　湖畔の学校 (Schule am see)

　湖畔の学校は、フォアアールベルグ州の西部、ライン川がボーデン湖に注ぎ込むハルト村に立地する。この学校は、フォルクスシューレとミッテルシューレ合同の一貫校であり、フォルクスシューレに約360人、ミッテルシューレに約300人の子どもたちが通う。エコラベル–学校の認証を取得している学校である。

　通常、フォルクスシューレとミッテルシューレはそれぞれ4年間のカリキュラムであるが、中高一貫校であることを活かし、1〜3年生、4〜6年生、7〜8年生の単位での複式学級を採用し、学級横断型の授業を行っている。また、人数が多いため、9つの小さなクラスターに分けてそれぞれが小さな学校のように運営をされている。学習は個人を重視しており、全体に対しての授業の時間は少なく、それぞれの興味関心に応じて学習を進め、教員はそのサポートを行っていく。

　学校では、気候変動等に関する学習活動だけではなく、FFFへの参加、自転車通学の推奨と通学路マップの作成、昆虫ホテルの整備など、さまざまな取組を行っている。

　「子どもが環境に適応するのでは無く、私たちが環境を子どもに適応させなければならない」が学校の原則となっており、建物自体が教員チームの中で十分に検討された教育コンセプトに合わせて建設されている。建物はA〜Dの4つの棟が並んだくし形の形状をしており、このうちA〜C棟が教育棟、D棟が事務所棟となっている。3棟の教育棟はすべて3階建てで、3棟×3階の合計9つに分けられたスペースはクラスターごとに使用される。各クラスターのスペースは3つの教室と3つのグループ学習室、これらを繋ぐ中央に位置するオープンな共同学習空間、加えて担当教員の事務室という構成になっている。また、それぞれの棟の間には中庭が設けられていて、ここでイベントもできるようになっている (図6.3)。

　建物の性能面について、大きく開放的な窓ガラスはトリプルガラスであり、高い断熱性を有する。暖房需要は21.4kWh/m^{2}である。高効率コジェネレーションシステムによる地域熱供給システムに接続する。Klimaaktivによる建築物への評価システムで1000点満点中906点を取得しGOLDの評価を受けて

建物の平面図 (Schule am zee 提供資料)

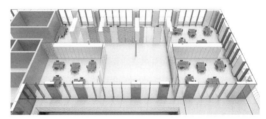

各クラスターのスペースの構成 (Schule am zee 提供資料)

Schule am zee の内部の様子 (撮影：木原浩貴)

図 6.3

いる。また連邦の「持続可能な建築賞」も受賞している。

　校舎の一角には食堂が設けられており、学校菜園で育てられた野菜が出される他、地元の農家から納入される季節の野菜が出される。毎日5人の生徒が交代で大人のサポートを受けながら調理とサービスを担当するなど、食育を重視している。使い捨て容器に入ったスナックや飲み物は使用されない。(♮6)

6-5 オーストリアの気候変動教育から見えるもの

　上記で紹介した以外にも、筆者らは多くの学校現場を訪問し、授業の見学も行ってきた。これらを踏まえ、オーストリアの気候変動教育の特徴を整理しておきたい。

　まず、筆者らの感覚としては、学校現場で実施されている個別の出前授業や教材の内容は、日本と大きな違いがあるとは感じない。日本においても、各地でクオリティの高い授業が行われているように思う。筆者らが大きな違いを感じるのは、下記の4点である。

　第1に、児童・生徒らによる社会変革に向けた意思表示を大切にしている点である。自制的な環境配慮行動を促すだけでは無く、政治家との対話の場を設け、FFFへの参加を公式に支援し、さまざまな方法での発信をサポートする。そこからは、言葉だけではない、社会変革の担い手を育成しようとする意図がうかがえる。

　第2に、学校における気候変動教育への外部からのサポートの手厚さである。チロル州という人口80万人に満たない小さな州だけでも、エネルギーチロルと気候同盟チロルの2団体によるものだけで年間500回の出前授業が実施されており、地域団体による出前授業の実施が学校教育に根付いていることがわかる。もちろん、これは団体の善意によって成り立っているわけではなく、これを支える州や基礎自治体の資金拠出があってはじめて成り立っているものである。手厚いサポートを行うことで、教員の負担をさほど増やすことなく、質の高い気候変動教育を提供できている。

　第3に、「仕組み」と「ノウハウの共有」を重視していることである。エコローグという簡単な仕組みについても、10のステップを準備し、州のエネルギーエージェンシーや教育局のサポートも行い、事例集やネットワーク会議によって取組ノウハウが共有される。環境ラベル−学校についてはさらに踏み込んでおり、詳細な対策メニューを準備して「何をしたら良いのかがわからない」という事態が発生しないようにし、かつ、外部専門家の伴走支援制度を準備することで、教員の負担を軽減している。外部専門家による伴走支援は、単にその学校のためにあるのではなく、ノウハウが支援者・支援機関にも蓄積され、

これを通じて他の学校の取組にも活かされるという利点もある。

　第4に、校舎を環境コミュニケーションツールと位置づけて、これを重視している点である。校舎の脱炭素化に力を入れているのは上記で紹介した事例だけではない。筆者らは10年近くをかけてオーストリアの何十ヶ所もの自治体を巡ってきたが、どこに行っても「校舎の対策は最優先事項」とされている。この点が日本との最大の違いと言える。気候変動対策において、建築物の省エネ性能は極めて重要である。だからこそ、教育の場で建築物のあるべき姿を体で感じてもらっている。シングルガラス・無断熱の校舎で、「エアコンの設定温度をがまんしましょう」と育てられる教育と比べ、子どもたちが脱炭素社会への展望を描けるのはどちらか、議論するまでもないだろう。加えて、建築物の木造・木質化を含む脱炭素化は、重要な地域産業でもあり、地域産業の育成という面でもその担い手育成という面でも、校舎の脱炭素化は極めて重要かつ効果的であり、e5制度など、これを進めるための評価・支援制度も整備されている。

　第4章で確認した通り、日本の環境教育も、持続可能な社会への変革を目標に掲げて大きく転換しようとしている。しかしながらそれが充分ではないことも、第4章で述べた通りである。ではどのように進めればよいのか、オーストリアの事例は多くの示唆を与えてくれるように思う。

■ヒアリング日時

- (♯1) (p.115) 2023年3月23日
- (♯2) (p.117) 2023年3月23日
- (♯3) (p.118) 2023年3月29日
- (♯4) (p.120) 2023年3月29日
- (♯5) (p.122) 2023年3月27日
- (♯6) (p.124) 2023年3月24日

■参考文献

オーストリア教育科学研究省 (BMBWF) [2014]、"Grundsatzerlass Umweltbildung für nachhaltige Entwicklung"、`https://rundschreiben.bmbwf.gv.at/media/2014_20.pdf` (最終閲覧日2024年11月1日)。

オーストリア教育科学研究省 (BMBWF) [2022]、"Educational paths in Austria 2022/23"、https://www.bmbwf.gv.at/dam/jcr:b1946586-3748-4dc0-9ec3-bfd2c3de3abb/bw_2223_eng.pdf (終覧日 2024 年 11 月 1 日)。

伊藤実歩子 [2013]、「ドイツ語圏の中等教育改革に関する一考察：オーストリアにおける Neue Mittelschule の取り組み」、『甲南女子大学研究紀要　人間科学編』、49 巻、pp.1–10。

高橋敬子・肱岡靖明・高橋潔・花崎直太 [2017]、「オーストリア・シュタイアーマルク州における気候変動教育の取組 — 日本の気候変動教育プログラムとの比較に基づいて」、『環境教育』、27 巻 2 号、pp.74–81。

豊田陽介・木原浩貴 [2021]、「気候エネルギー政策における自治体支援の取り組み」、『エネルギー自立と持続可能な地域づくり — 環境先進国オーストリアに学ぶ』、昭和堂、pp.97–112。

平岡俊一・木原浩貴・的場信敬・豊田陽介 [2016]、「持続可能な地域づくりに資する地域協働型再生可能エネルギー導入推進のためのガバナンス構築に関する研究 — 欧州の地域エネルギー政策・事業を支える中間支援組織：ドイツ，オーストリアにおける関連組織の体制構築，活動展開を中心に」、『社会科学研究年報』、47 巻、pp.43-55。

（木原浩貴・渕上佑樹）

第 7 章

ドイツ、オーストリアにおける子ども・若者の政治参加

7-1 はじめに

　本章では、ドイツ、オーストリアにおける子ども・若者の政治参加を取り上げる。具体的には、ドイツ・バーデン＝ヴュルテンベルク州ゲルリンゲン市における青少年議会、オーストリア・フォアアールベルク州モンタフォンにおけるユースフォーラムを事例として、両国の子ども・若者が政治に参加できる仕組みや成果、課題について論じる。

　ドイツやオーストリアでは、気候エネルギー分野をはじめ、さまざまな政策分野で住民参加が当たり前のようになされている。参加型民主主義を強化し、参加を文化とすることに力が入れられているが、自然に住民が参加をするのではなく、参加を促すようなさまざまな仕組みが背景には存在する。

　第2部の各章で論じられてきたように、地域の持続可能性や脱炭素という課題に関心を持ってもらうためには教育面からのアプローチが1つの有効な手段である。学校教育の例として、オーストリアにおける気候変動教育が第6章で詳述されているが、学校での気候教育や政治教育を通じた学びだけでなく、若い世代が自治体の政策形成や地域プロジェクトに参加し、民主的な意思決定プロセスに関わるという実践的な参加機会を通じて、地域の人材育成がなされている。学校教育においてもさまざまな参加が用意されているが、教室の外にお

いても政治や地域に参加する機会が備わっている。以下、先進事例として、ドイツとオーストリアにおける具体的な子ども・若者参加の姿を紹介する。

7-2　ドイツの青少年議会[1]

7-2-1　バーデン＝ヴュルテンベルク州における子ども・若者の政治参加

ドイツの政治教育において重要な原則となっているのが、1976年のボイテルスバッハ・コンセンサスである。教員が生徒を圧倒し自らの判断の獲得を妨げることの禁止、論争のあることは論争のあることとして扱う、生徒は自分の利害関心に基づき政治参加の方法と手段を追求する能力を持つ、という3点である。結城［2023］によると、すべての州の学校法や政治教育の大綱的指針は直接的・間接的にボイテルスバッハ・コンセンサスを踏まえて策定されているとされる（結城［2023］:289）。ドイツの政治教育の基盤に、このボイテルスバッハ・コンセンサスがあることをまずは指摘しておきたい。

連邦制であるドイツでは、州政府が州憲法や州議会を有しており、子どもや青少年の政治参加の規定についても州政府が定めている。バーデン＝ヴュルテンベルク州の場合、自治体法（Gemeindeordnung）第41a条で、次のように子どもや青少年の参加を規定している。

「自治体は、子どもおよび青少年の利益に影響を与える計画および事業に、適切な方法で子どもを参加させるべきであり、青少年を参加させなければならない。そのために、自治体は適切な参加手続きを策定しなければならない。とくに自治体は、青少年議会または他の青少年代表機関を設置することができる。青少年代表機関のメンバーは、名誉職として活動するものとする。」

自治体の規模にかかわらず、バーデン＝ヴュルテンベルク州の全自治体が対象となっているが、子どもについては「参加させるべき」、青少年は「参加させなければならない」と、厳密な細かい規定がなされているわけではなく、そ

---

[1]本節は、2023年8月30日に実施したバーデン＝ヴュルテンベルク州政治教育センター（LpB）、およびゲルリンゲン市へのヒアリングに基づいて執筆した石倉（2024）に依拠している。

れぞれの自治体に適した参加の形を決められる文言となっている。現行の条文は 2015 年改正のものだが、以前は「自治体は、青少年の利益に影響を与える計画および事業に、適切な方法で青少年を参加させることができる」という表現であった。

なお、ドイツ全土をみると、参加できる (ブレーメン州、ノルトライン＝ヴェストファーレン州、ザールラント州)、参加すべき (ニーダーザクセン州、ザクセン州、ヘッセン州、ラインラント＝プファルツ州)、参加しないといけない (シュレースヴィヒ＝ホルシュタイン州、ハンブルク州、ブランデンブルク州)、規定なし (メクレンブルク＝フォアポンメルン州、ベルリン州、ザクセン＝アンハルト州、テューリンゲン州、バイエルン州) に分かれている。バーデン＝ヴュルテンベルク州だけが、混在した表記となっている。

7-2-2　バーデン＝ヴュルテンベルク州における政治参加の概要

バーデン＝ヴュルテンベルク州では、1972 年に州議会の付属組織として「政治教育センター (Landeszentrale für politische Bildung Baden-Württemberg; LpB)」が設立された。州内 6 か所に支所を有し、政治教育に関わるイベント実施や出版、子どもや青少年向けの政治参加促進などに取り組んでいる。ドイツ各州に類似のセンターがあるが、LpB は予算も多く、従業員数は 130 人と一番規模が大きい。

もともとバーデン＝ヴュルテンベルク州では、1960 年代から青少年が集まれる集会場としてユースセンターを作る動きがあり、青少年が自治に関わっていた。また、2011 年に緑の党の知事が誕生し、その知事のもと、青少年参加の動きが進められていった。そのため、ドイツの他の州に比べても、青少年参加が盛んな州となっている。ただし、専門家がいない、人を雇うお金がない、興味がない、必要ないなどの理由で、青少年参加を実施しない地域も存在する。

LpB が 2023 年に実施した子ども・青少年参加調査アンケートによれば、回答自治体 988 のうち、68% の 668 自治体が青少年参加を実施していると回答している。典型的な子どもや青少年の政治参加の形態として、①青少年議会のような選挙を伴うもの、②青少年委員会のような選挙を伴わないもの、③ユースフォーラムのようなオープンな参加形態のもの、④特定のプロジェクトに参加

するものがあるが、いずれも年々増加傾向にあり、とくに2015年の自治体法改正以降に急増している。人口別では、青少年議会は人口2万人以上の自治体に多く見られ、オープンな参加やプロジェクト参加は人口規模にかかわらず頻繁に利用されている (LpB [2023]:8-11)。

表7.1にあるように政治参加の形態はさまざまだが、バーデン＝ヴュルテンベルク州では、青少年議会が広く普及している。同州では、1985年にワインガルテン (Weingarten) という自治体で初の青少年議会が設立された。1993年には各自治体の青少年議会の上位組織として統括組織 (Dachverband der Jugendgemeinderäte Baden-Württemberg e.V.) が設立され、州内における青少年議会の支援や交流を行っている。現在では、州内101の自治体が青少年議会を設置しており[2]、他州ではこれほど青少年議会は定着していない。

表 **7.1** 　子どもや青少年の参加形態。

参加形態	内容
選挙を伴うもの	例えば、青少年議会 (Jugendgemeinderat) では、青少年による選挙で選ばれた青少年が、自治体内の青少年の利益を代表する。
選挙を伴わないもの	例えば、青少年委員会 (Jugendbeirat) では、政治に関わりたいと考える青少年を自治体が招待する (スポーツクラブのメンバー、学生の代表、ユース消防団の代表など)。
オープンな参加	例えば、ユースフォーラム (Jugendforum) では、あらゆる青少年が参加でき、自分たちの関心事や要望を政治家や行政関係者と意見交換することができる。
プロジェクト関連の参加	自分の興味・関心のあるテーマに青少年が関わる。例えば、お祭りの企画運営、スケートパークの計画、ユースハウスや幼稚園の改築ほか。

(出所：LpB プレゼンテーション資料 (2023年8月30日) より作成)

LpB の作成した『青少年自治体とは? (Jugendgemeinde-WAS?)』によると、青少年議会の議員数は平均16.4人で、最大が43人、最小が7人となっている。投票年齢の最低は9歳、最高は23歳だが、多くの場合、14歳から19歳ま

---

[2]青少年議会統括組織 HP より (最終閲覧日 2024年11月26日)。

https://jugendgemeinderat.de/jugendgemeinderaete/jugendgemeinderaete-in-bw/。

たは14歳から21歳を対象としている (LpB [2017]:19)。

　青少年議会は、青少年の利益を代表するもので、青少年の関心に影響するあらゆるテーマを扱うことができる。典型的には、青少年施設、レジャー活動、地域公共交通、遊技場・スポーツ場、スケート場やスプレー壁の設計、運動場の改装、バンドコンテスト、環境アクションなどが挙げられる。また、パーティやスポーツイベントなどの開催に加え、統合、薬物中毒予防、寛容、貧困、市民的勇気などをテーマとする教育キャンペーンやプログラムも実施している (LpB [2017]:58)。

　早い時期から地域政治に青少年が関わることは、政治への興味関心を喚起するだけでなく、自分の住んでいる地域のアイデンティティを深めることにもつながる。政治参加の促進に限らず、地域を支える担い手の育成においても青少年議会が果たす役割は大きい。

7-2-3　ゲルリンゲン市における青少年議会

(1)　ゲルリンゲン市の概要

　ゲルリンゲン市は、バーデン＝ヴュルテンベルク州ルードヴィヒスブルク郡に位置する、面積17.01平方キロメートル、人口1万9657人 (2021年) の自治体である (Maurer u.a. [2022])。

　州都であるシュトゥットガルトに隣接しており、過去何度もシュトットガルトに合併されそうになった経験を有している。農業やワイン作りが盛んな地域だったが、1960年代以降、人口が急増して新しい地区ができ、ロバート・ボッシュ(Robert Bosch)のような大企業がシュトットガルトから移転してくるなど、急激な発展を遂げた。現在も多くの企業が立地しており、経済的には恵まれた状況となっている。

(2)　青少年議会の設立経緯

　ゲルリンゲン市の青少年議会 (Jugendgemeinderat Gerlingen) は、1995年に設立された[3)]。昔からゲルリンゲン市では、青少年参加を重視しており、行

　[3)]バーデン＝ヴュルテンベルク州では、Jugendgemeinderat という用語が一般的に使われているが、同州内には、Jugendbeirat、Jugendbeteiligungsrat、Jugendclubsprecher*in、

政と青少年が対話する機会であるユーストークを定期的に実施していた。しかし、参加する青少年が減り、また対話から何かしらの成果も生まれることはなく、魅力がなくなっていった。

1994年、市議会で青少年参加のためのふさわしい形態について開発することが発議された。行政も発議を受け返答をしなければならず、青少年関係組織の連合である、ゲルリンゲン青少年協会 (Stadtjugendring Gerlingen e.V. (SJR)) と共に検討を開始した。

まず、パネルディスカッションを開催した。どのような青少年参加の形態があるのかを学ぶために開かれ、参加した州レベルの青少年協会代表者からはユースフォーラムを定期的に開催することを、LpBの代表者からは青少年議会を勧められた。次が既存の青少年議会への見学である。市議員と行政職員が2ヶ所の青少年議会を見学し、関係者との話し合いを行なった。最後がユースハウス (Jugendhaus) で行われた会議である[4]。会議に参加した青少年協会のメンバーが、行政職員などと一緒にポジションペーパーを作成し、青少年議会の設置を提案した。ポジションペーパーの中には、新たな枠組みを設けることが成功の要になると書かれており、議会で決議をする上での基盤となった。

1994年7月26日、市議会での決議がなされ、賛成21白票1のほぼ全会一致で、全ての会派が青少年議会の設置に賛同し、可決された。1995年9月20日には、青少年議会の選挙規則が市議会で採択され、1995年11月27日から12月3日までにかけて、初めての選挙が行われた。立候補者は48人、投票率47.80%で、18人の青少年議員が誕生した。1996年1月31日には、初めて青少年議会が開催された。

Jugendforum、Jugendgemeinderat、Jugendkomitee、Jugendparlament、Jugendrat、Jugendsprecher、Jugendvertretergremium、Jugendvertretung、Kommunale Jugendvertretung という用語を同義に使う自治体もあり、用語は統一されていない。各自治体が、自分たちの参加形態の名称を自分たちで決めることができることを意味している。なお、バイエルン州では Jugendparlament が頻繁に使われている (LpB [2023]:12)。

　[4]ユースハウスは、若者がいつ来てもいい交流の場で、1982年に開設された。さまざまなイベントが行われているだけでなく、青少年が信頼できるパートナーがいて、自分の抱えている問題を相談することができる。ゲルリンゲン市では、Jugendhaus Trägerverein Gerlingen e.V. がユースハウスを支援している。

(3) 青少年議会の概要

青少年議会の任期は2年、議員数は18人で、ゲルリンゲン市に3ヶ月以上居住地登録のある14歳から19歳が選挙権・被選挙権を有する。なお、市議会の場合、任期は5年、議員数は22人となっている[5]。市議会議員と同様、青少年議会議員は名誉職である。選挙運営は行政の方で実施し、選挙会場は学校やユースハウス、市庁舎で行われ、典型的な投票箱を用いて投票が行われる。

青少年議会では、代表1人と副代表2人を選出する。議長は市長が務めるが、市長は青少年議会の決議権を有さない。市長が議長となっていることは、行政に青少年議会の内容が伝わるだけでなく、青少年の関心事が真剣に受け止められるという意味において重要な点となっている。

予算は1年間4000ユーロで、これは通常の経費にかかるものである。青少年議会で決議されたプロジェクトが市議会に申請され、市議会で決議されると市議会の方でプロジェクトの予算をつけることになっている。

青少年議会で決議された事項は、行政の中で迅速に扱われなければならない。青少年にとっての2年間は長いが、期間内に結果をだすことが求められるためである。市長が決議事項を市議会や委員会に提出し、内容が審議される際、青少年議会は発言権を有している。発言ができることで、青少年議会の関心事が市の政治に流れ込むようになっている。

事務局は、市役所の青少年・家族・高齢者部青少年課が担っている。担当職員が1人おり、青少年議会に加えユースハウスや学校でのソーシャルワーク、青少年向けの教育支援なども担当している。この職員が同伴者として、青少年議会におけるプロジェクト開発にも携わっている。実現性の乏しいアイデアについては、同伴者の方でアドバイスをするが、実際はあまりそういうことはなく、現実的なものが多いという。

行政の方では、ゲルリンゲン市に住んでいる青少年を代表するように、偏りなくさまざまな層に立候補してほしいと考えており、当初はクオータ制を取り入れていた。市内にはヴェルクレアルシューレ、実科学校、ギムナジウムの3

---

[5]バーデン＝ヴュルテンベルク州では、2014年から選挙権は16歳となっている。被選挙権は2024年に18歳から16歳となるが、これはドイツの州では初めてのことである。

つの学校があり、学生は自分の学校から立候補者が出た場合、その立候補者に投票しがちである。学生数の少ないヴェルクレアルシューレの立候補者にもチャンスを作るため、クオータ制を取り入れていた。その後、学校のシステムが代わり、現在では実科学校とギムナジウムしかなく、2つの学校の学生数にあまり差がなくなったことから、クオータ制は廃止している。ただし、実際の立候補者はギムナジウムが多く、実科学校は少なくなっている。また、社会貢献をしたい人、すでにNPOや教会青年組織に参加している人が立候補者の傾向としてあり、両親が高学歴な場合が多い。

(4) 青少年議会の成果と課題

1995年から2023年までの14期において、多様なプロジェクトが実施されてきた（表7.2）。落書きのできる壁（グラフィティアート）の設置、夜遅くでも使えるような乗り合いタクシーの導入、地域に娯楽がないためパーティの実施、独自HPの作成、真夜中に実施したサッカー大会、子どものガンを助けるための募金ウォークなど、取組みは多岐にわたっている。第9章で取り上げられるローカル・アジェンダ21にも、青少年議会で取り組んだことがある。

こうした取組みが、さまざまな変化を地域にもたらしている。まず、青少年議会の取組みにより、地域の中にさまざまな場所ができている。バーベキュー広場、ハーフパイプ、パンプトラック、屋外の若者集会場は、青少年議会発案で誕生した。こうした場所は青少年に限らず、地域のさまざまな世代の交流場としても機能している。また、つまずきの石として、ホロコーストで亡くなったヨハナ・シュヴァイツァー（Johanna Schweizer）さんの記念碑を道に埋め込むことも青少年議会のアイデアで行われた。市のアーカイブとも連携し、つまずきの石を始めた芸術家のグンター・デムニッヒ（Gunter Demnig）さんを呼び、イベントと併せて実施したものである。人が集まる場所づくりだけでなく、地域の歴史や平和を思い起こすような空間づくりにも貢献している。

つぎに、ゲルリンゲン市では、青少年議会が市の文化の一部となっていることもあり、青少年議員を経て市議会議員になった人が4、5人現れている。市議会の中に青少年議会経験者が増えているだけでなく、市長に立候補した人や他の自治体議員に立候補した人もいて、直接的に政治に関わる人もいれば、NPO

表 **7.2** ゲルリンゲン青少年議会の取組み。

期間	立候補者	投票資格者	投票率	プロジェクト
1995-97	48	617	47.80%	バンドの練習室、グラフィティアート、乗り合いタクシー、スポーツ場のバスケットボールネット、環境アクション、姉妹都市交流、バーベキュー広場
1997-99	38	636	36.50%	乗合タクシー、姉妹都市交流、ローカル・アジェンダ21、社会貢献の屋台、グラフィティアート
1999-01	47	595	40.00%	ユースハウスのキッチン改装、ストリートボール大会、JGRロゴリニューアル、ハーフパイプ
2001-03	49	601	50.70%	校内の自動販売機リニューアル、読書会、HP作成、エイズ講演会・パネルディスカッション、スポーツウィーク、パーティ
2003-05	54	658	46.50%	10周年記念祭、バーベキューパーティ、映画鑑賞会、読書ナイト、アクションウィーク、真夜中のサッカー大会
2005-07	33	666	47.70%	EU議会への旅、ユネスコ・ワールドユースフェスティバル、姉妹都市交流、暴力反対の抗議運動、10周年記念イベント
2007-09	63	640	46.60%	姉妹都市交流、真夜中のサッカー大会、EFEK基金、プールパーティ、つまずきの石
2009-11	27	652	34.35%	真夜中のサッカー大会、プールパーティ、読書ナイト、ユースミーティング、子どもガン募金ウォーク
2011-13	43	704	31.81%	真夜中のサッカー大会、16歳からの投票に関するパネルディスカッション、演劇イベント、姉妹都市交流、募金アクション
2013-15	33	747	36.54%	政治イベント、夏休み前のパーティ、読書ナイト、青少年議会選挙投票年齢引き上げ、パンプトラック
2015-17	28	972	35.80%	読書ナイト、劇場ケータリング、道路標識へのQRコード追加、バレーボールコート、パンプトラックレース
2017-19	35	957	33.85%	地方選挙に関する学校でのイベント、イメージフィルム作成、ユースフォーラム
2019-21	29	951	35.65%	ユースフォーラム、公共空間での若者集会場、記念式典
2021-23	29	891	29.39%	公共空間での若者集会場開設、パーティ、姉妹都市交流

(出所：ゲルリンゲン市プレゼンテーション資料 (2023年8月30日) より作成)

や老人ホーム経営など、地域と関わりある仕事に就く人もいる。州全体としても高齢の議員が多かったが、近年の選挙では青少年議会の影響で若い議員が増えているという。青少年議会という実践的な政治体験を通じて、人材育成にも寄与していると言える。

青少年議会に参加することで、自分たちの生活と政治との関わりを理解することになる。民主的なプロセスを通じた社会貢献への参加に意味があり、実際に何かを変えられることを経験することで、地域との結びつきが強くなる。大学進学等でゲルリンゲン市の外に出たとしても、アイデンティティをこの活動で得られることは、市にとってメリットになっている。

他方で、近年は立候補者数や投票率の低下が見られる。立候補者の発掘は課題であり、行政の方でもユースハウスで声がけをするなどの取組みをしている。一人一人の立候補者を大事に思い、感謝をしながら、トラブルが起きた時にはフォローを行っているという。過去には青少年議会という形がよいと判断したが、どのような形で青少年に参加してもらうのが一番適しているのかは今後も検討する必要があるとのことだった。

「青少年議会が成功するかどうかは、行政や市議会がうまく機能しているかどうかにかかっている」とヒアリングで聞いたが、市職員が同伴者として支援すること、青少年議会の決議事項や関心事を迅速に扱うこと、さまざまなパートナーがプロジェクトの実施をサポートすることはもちろんのこと、州レベルでは、LpB による継続教育、職員の交流会、資金援助など、参加を支える体制が整備されている点は、大きな特徴となっている。

7-3　オーストリアのユースフォーラム[6]

7-3-1　フォアアールベルク州における子ども・若者の政治参加

ドイツ同様、オーストリアも連邦制であり、それぞれの州政府が州憲法を有している。オーストリア西部に位置するフォアアールベルク州では、2004

---

[6] 本節は、2023 年 3 月 23 日に実施したフォアアールベルク州ボランティア・住民参加事務局 (FEB)、および 2023 年 3 月 27 日に実施したモンタフォン・ユースフォーラムへのヒアリングに基づいている。

年に子どもの権利条約の目標への賛同 (第 8 条第 3 項、LGBl. Nr. 43/2004) を州憲法に追加した。また、2013 年には「州政府は、住民請願、住民投票、住民調査という形態で直接民主主義を認めており、その他の参加型民主主義の形態も推進している」(第 1 条第 4 項) という文言も追加されている (LGBl. Nr. 14/2013)。子どもを重視し、参加型民主主義を推進する姿勢を打ち出しており、積極的な住民参加に取り組んでいる州である。

フォアアールベルク州では、1999 年、ボランティア・住民参加事務局 (FEB) が設立された[7]。州知事直下に位置づく組織で、9 人 (フルタイム換算 6.5 人) の従業員がいる。年間予算は 68 万ユーロで、住民参加の文化を作ること、市民社会の強化のためにボランティア参画を推進すること、持続可能な発展として SDGs を実践すること、に取り組んでいる。

参加型民主主義を重視することについて、FEB へのヒアリングによれば、「コロナや気候政策といった危機的な状況に対応しながらさまざまな社会発展をこなしていくには、人々を巻き込んでいくことがかかせない。オーストリアやヨーロッパ全体に言えることだが、政治的無関心が広がっている。政治家への信頼も落ちているので、住民参加がすごく大事になっている。良好な住民参加が行われることで、政治的に確固たる基盤ができ、政治的プロセスをデザインすることができる」とのことであった。

州政府としては、若い人たちは地域の未来であり、自治体を持続させるうえでも若い人をアクティブに参加させることが重要だと考えている。それにより子どもや青少年と自治体との結びつきが強化され、自発的に行動するようになることで、市民社会と政治との結びつきも強まるからである。子どもや青少年の政治参加を支援し、ネットワーク化をしながら、さまざまな形で参加の強化に取り組んでいる。

なお、オーストリアでは、オープン・ユースワーク (offene Jugendarbeit) が都市部を中心として各地に存在しており、そこで若者は何かの活動を行うことができたり、専門スタッフに悩みを相談したりすることができる。また、州政府に対して若者に関する助言を行う若者諮問委員会、若者に関係する協会や連

---

[7] 設立当初の名称は、Büro für Zukunftsfragen (ZuB) で、2019 年に Büro für Freiwilliges Engagement und Beteiligung (FEB) に改称している。

合から構成されるネットワーク組織KOJEなどがあり、若者をサポートする担い手はFEB以外にも存在している。

7-3-2　フォアアールベルク州における政治参加の概要

　FEBでは、第9章で取り上げられるビュルガーラート (Bürgerrat) などのようにさまざまな形で住民参加を行っているが、子どもや青少年の参加に関しても多様な取組みを行っている。まず情報提供や相談の窓口となるだけでなく、支援の必要性などの調査を無償で実施している。自治体向けのワークショップも無償で行っており、住民参加の専門家が基本的な知識やアドバイスを自治体に提供するだけでなく、自治体の置かれている現状を踏まえて、次のステップとして何ができるのかを明らかにして伝えている。オンラインでの参加プラットフォームとしては、Vorarlberg Mitdenkenが整備されており、クリック1つで住民の声を聞き取ることができ、住民と行政、自治体間での新たな市民参加や関与の形が作り出されている。

　FEBによる子どもや青少年参加に関する助成分野は3つある。1つ目は相談・コーチングの支援で、参加戦略と対策の策定にたいし、最大2200ユーロが出される。2つ目はプロセスの同伴に関する支援で、若者の参加プロセスにたいし、最大3500ユーロの補助が出る。3つ目はユースフォーラムやユース委員会への支援で、継続的な若者参加への補助として、年最大2500ユーロが出る。

　また、ネットワーク化と継続教育が重視されており、刺激になるような情報提供や学習の場が複数用意されている。例えば、インスピレーションと交流の場として、「参加の長い夜 (Lange Nacht der Partizipation; LaNaP)」や「午後の勉強会 (Impulsnachmittag)」がある。いずれも子ども・若者が参加するさまざまなプロジェクトが発表される場であり、前者は夕方から夜にかけて、後者は午後に開催される。他事例の取組みが共有され、参加者同士が交流し学び合うことで、新たなプロジェクトを始めることにつながる。また、住民参加の知識を深めるため、子ども用に開発されたアートオブホスティングの手法を学ぶ場も州政府が用意している。

　フォアアールベルク州では、若者参加モデルとして、段階的に参加を確立させていくことで参加の可能性を体験してもらっている。図7.1にあるように、

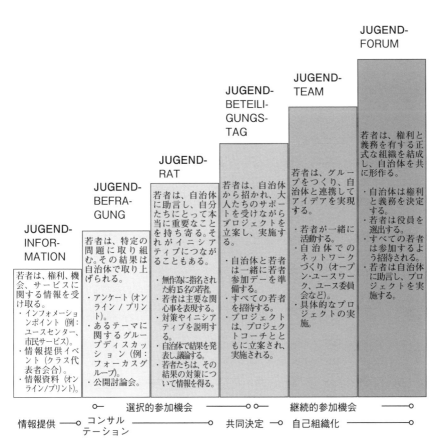

(出所:Jugendbeteiligung in Vorarlberg より)

図 **7.1** フォアアールベルク州若者参加モデル。

左から右に行くほど参加の度合いが高くなる。最初の段階は、参加に関する情報を提供することである。既存の参加についての方法や、若者で成功している人のストーリーなどを広めてきながら、現在行われている参加プロジェクトを伝えていく。2つ目はコンサルテーションで、若い人の意見を取り入れる分野のテーマを定め、それからその意見を吸い上げるプロセスを実施する。若い人の視点を政治の内容や目標設定に取り込み、意見を言える場所や可能性を多くの人に伝えながら、地域発展に巻き込んでいく。3つ目は、共同決定である。

例えば、2022年秋にパイロットプロジェクトとして、学生による予算管理プロジェクトが行われた。ある学校で3000ユーロの予算内で実行できるアイデアを出してもらい、学内でアイデアの候補についての投票が行われた。投票結果を踏まえ、専門家の同伴を伴いながら、アイデアの実現まで取り組むというものである。アイデアの実践ではなく、民主主義的なプロセスを学ぶことが目標であり、アイデアを公募し、投票に参加をしながら、アイデアを実現する一連の流れを学んでもらう。4つ目は、自分たちでグループをつくり、プロジェクトを実行していくことである。後述するユースフォーラムは、独自予算や独自事務所を有しており、高いレベルでの参加となる。

7-3-3　モンタフォンにおけるユースフォーラム

(1)　モンタフォンの概要

　モンタフォンは、フォアアールベルク州南部の渓谷で10の自治体からなる地域を指す。10の自治体で1万6700人の人口を有し、年間宿泊数は200万泊と観光が盛んな地域である。

　1832年から、10の自治体によるモンタフォン・スタンド(Stand Montafon)という地域連合がある。他の渓谷では、EU加盟をきっかけに地域連合が作られたところが多く、モンタフォンのように長い歴史を有する地域連合は珍しい。教育・社会、文化・科学、移動・交通、自然・環境、空間・地域、経済・観光などの分野における地域マネジメントを担っており、博物館、音楽学校、図書館などの管理から、公共交通の拡張、地域空間発展コンセプトの策定、農村振興政策であるLEADER事業の実施など、幅広く地域発展に関する課題に取り組んでいる。近年では、社会福祉の中でも若者や家族といったテーマに重点を置いている。

(2)　ユースフォーラムの設立経緯と経過

　モンタフォン・スタンドでは、2012年にユースコーディネーターを雇用し、若者へのアンケートやそれに基づくプロジェクトの実施などを行ってきた。そのような中、若者たちが住民参加を行い、定期的に会える場所を求めており、特に固定的な議会を設けたいという要望がでていた。ドイツ・ヘッセン州メル

フェルデン＝ヴァルドルフ (Mörfelden-Walldorf) 市の青少年議会の実践や経験を参考に、当時のユースコーディネーターがユースフォーラムの構想を練った。2016 年 4 月 12 日、ユースフォーラムの定款がモンタフォン 10 の首長の満場一致で採択され、州内最初のユースフォーラム (Jugendforum Montafon) が設立された。

定款では、以下のように記されている。

「モンタフォン・ユースフォーラムは、青少年の利益と権利のために尽力する。モンタフォン・ユースフォーラムの設立により、モンタフォン・スタンドの青少年に影響を及ぼす地域の関心事について、積極的に参加する機会を与えるという共同決定の具体的な形が生まれた。また、青少年に関連する問題の意思決定にユースフォーラムを関与させることは、モンタフォン・スタンドにとって当然のことでなければならない。このように、ユースフォーラムは、青少年とモンタフォン・スタンドをつなぐものである。そして何よりも、自治体と若い世代間のより良い情報交換やコミュニケーションに貢献しなくてはならない。」

こうしてモンタフォンでは、若者たちが政治に対して意見を述べたり、自分たちの企画したプロジェクトを実施したりできるようになった。モンタフォン・スタンドの発行する情報誌『*Montafoner Standpunkt*』(36 号、2017 年) によると、当初 10 人のメンバーで構成されたユースフォーラムでは、ウェブサイトの開設、SNS アカウントの立ち上げ、ヨーロッパ・ユースイベント (EYE) 2016 への参加、「参加の長い夜」への参加、州のユースプロジェクトコンペでの表彰など、積極的な活動がなされたという。

しかし、その後、中心的に活動していた 4 人の若者が大人になってからは、ユースフォーラムが十分に機能しなくなった。新しい若者が入ってこなくなり、活動が停滞することになった。

2018 年末に、新たにユースコーディネーターに着任したエルケ・マルティン (Elke Martin) さんは、ソーシャルワークの修士号を有し、長年、教育関係の仕事に従事していた人物である。彼女が若者参加を促すため、FEB と共に段階的な参加の仕組みを構築した[8]。現在では、年齢に応じた段階的な参加機会が

---

[8] ヒアリング時に言及はなかったが、若い世代への参加をめぐっては、ロジャー・ハート

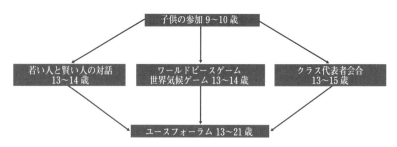

(出所：モンタフォン・スタンドプレゼンテーション資料(2023年3月27日)より)

図 **7.2** モンタフォンにおける段階的な参加。

複数用意され、最終的にユースフォーラムに流れ込むように参加の仕組みが整えられている(図7.2)。

まずは、もともと子どもの参加がなかったことから、フォルクスシューレ(小学校)の9〜10歳向けの参加として、子ども参加セミナーを用意している。ワークショップとして首長との会議を行い、そこからプロジェクトを開発し、それに取り組むというものである。例えば、シュルンス(Schruns)では、子ども映画館というアイデアが出て、実際に子どもたちの企画のもとで、映画の上映がなされた。

ミッテルシューレ(中学校)向けでは、13〜14歳を対象とした「若い人と賢い人の対話(Jung&weise Dialog)」がある。アンケート調査と、若者と大人が対話するワークショップ、それらを踏まえた実際のプロジェクトの実施からなるものである。例えば、ガシュルン(Gaschurn)では、アンケート調査の結果、映画好きな学生が多いことが判明した。その理由は、友達と一緒にいたいということだった。学生と大人との対話をユースコーディネーターがオーガナイズし、そこから「モンタフォン・ユースシネマ」というアイデアが出た。モンタフォン観光局の経営者と学生が話し合いを重ね、実際に映画上映を行うことになった。映画の発注とポップコーンマシーンの提供は大人が行ったが、それ以外はすべて学生が企画・運営を担った。

による「参画の梯子」が1つのモデルとされる。子どもが参加に関わる時の度合いを、梯子を使って段階的に示したものである(ハート 2000)。

また、ワールドピースゲームと世界気候ゲーム (Weltklimaspiel) をミッテルシューレの3年生を対象に授業の一環で行うようにしている。ワールドピースゲームは、世界が直面している危機にたいし、チームで協力しながら意思決定を行い、複雑な問題の解決に取り組むゲームである。認定ファシリテーターのサポートのもと5日間かけて実施され、政治や経済の相互関係を学びながら問題解決に向けた戦略を考えていく。世界気候ゲームは、気候変動に対する意識を高めることを目的として、オーストリアで開発されたボードゲームである。気候危機を食い止めるためにチームで協力しながら、課題の解決策を3日間かけて模索する。気候教育の認定ファシリテーターがサポートしながら進められ、ゲームを通じて、複雑な気候問題や持続可能性のことを学んでいく[9]。その後、実際に気候関連のプロジェクトを実施し、自分たちなりの気候保全対策を首長や議員に提示する。いずれも毎年実施されており、遊びながら複雑な政治問題や気候問題のことを学んでいく。

クラス代表者会合は、1年に1回クラス代表の生徒たちが集まる会合である。例えば、行政の代表者とクラス代表者によるワークショップからは、学校の庭を緑化するプロジェクトを実施することが検討されている。なお、クラス代表者の選出についても工夫がみられる。モンタフォン・スタンドの年次報告書『Regionalbericht Stand Montafon 2021』によれば、2021年にはミッテルシューレ4つのクラスで、多数決ではなく、参加者全員によって支持されることを意味するソシオクラシーに基づいてクラス代表者選挙がなされ、代表者が選出されたという。

こうしたさまざまな参加の経験を実践・応用する場として、ユースフォーラムがある。ユースフォーラムのやり方は地域によって異なるが、モンタフォンでは、ユースコーディネーターが試行錯誤をしながら参加のやり方をブラッシュアップしてきた。ユースフォーラムがあることによって、モンタフォンの若者たちは定期的に地域の政治に対して意見や関心を表明することができ、自分たちのプロジェクトを自主的に実施することができている。

---

[9] フォアアールベルク州エネルギー・エージェンシーでは、世界気候ゲームのマスターになるための講座をメンバー全員が受講するようにしている (2023年3月24日に実施したフォアアールベルク州エネルギー・エージェンシーへのヒアリングより)。

(3) ユースフォーラムの概要

　ユースフォーラムには、モンタフォンに居住地がある、またはモンタフォンに通学・職業訓練・就業をしている13歳から21歳の若者であれば誰でも参加することができる。メンバーの中から代表者の男女1名ずつが選挙で選ばれ、任期は1年となっている(特例としてコロナ禍の時、任期は2年)。

　参加の敷居を低くしているため、来るものは拒まず、メンバーの出入りは自由である。代表者を選出する選挙で選ばれることはできないが、13歳未満の子どもも参加することができる。そして、代表者を中心とするコアグループとして、意欲のあるメンバーがユースフォーラムを牽引している。ヒアリングをした2023年3月時点でコアグループは5人で、2023年7月の選挙で新たな代表者が選ばれるとのことだった。

　メンバーは2週間に1度、対面とオンラインを交互に行う形で集まり、モンタフォンを良くするアイデアについて話し合いを実施している。ユースコーディネーターは、常にメッセージアプリのWhatsAppで若者とやりとりができるようにしており、会合の2日前にはメンバーにリマインドのメッセージを送るようにしている。ミーティングの時間と場所はメンバーに合わせて調整している。議事進行は、アートオブホスティングの手法を用いてなされる。

　ユースフォーラムの特徴は、独自の予算があること、独自の事務所を有していること、ユースコーディネーター1名が伴走していることである。予算は年5000ユーロで、半分はモンタフォン・スタンドから、半分はFEBから支出される。使途はユースフォーラムで決めることができるが、あまり予算を使うことはなく、2年程度で使い切る。予算がなくなったら新たに申請し、予算を獲得する。事務所は、モンタフォン・オープン・ユースワーク (Offene Jugendarbeit Montafon) の建物中に用意されている。

　そして、同伴する大人としてユースコーディネーターが助成金申請やプロジェクトづくり、情報提供、ネットワークづくりなど、子ども・若者と大人をつなぐ主体として機能している。子ども・若者は参加に慣れていないため、もってきたテーマをサポートできる大人を探したり、何を考えているのかを引き出したりしながら、ニーズに寄り添った同伴をしている。なお、ユースコーディネーターの業務としては、ユースフォーラム以外にも、子ども・若者参加、

ユース広場やユースハウスを充実させること、子ども・若者保護のコンセプトづくり、魅力的なMINT教育[10]や職業教育の実施、学校やNPOなどへの情報提供など多岐にわたる。

　子ども・若者の意見は尊重するが、ユースコーディネーターの方で、○○についてやってみてはどうか、と質問して誘導することもあるという。また、子ども・若者の意見をすべて実現するのではなく、環境に悪いことなどの方向性に行かないようにコントロールもしている。例えば、シュルンスにショッピングセンターを作りたいというアイデアが出た時、ユースコーディネーターの方でダメだとは言わないまでも、専門家からアドバイスを受けたり、大人との対話をしたりする中で、駐車場や道路、予算などを考えさせ、できないということをわかってもらうようにしている。

(4)　ユースフォーラムの成果と課題

　エルケ・マルティンさんがユースコーディネーターに着任して以来、子ども・若者が持ち寄ってきたテーマによって、多様なプロジェクトが実施されてきた。モビリティコンセプト作成への参加、地域空間開発コンセプトへの参加、ユーススペースのリノベーションへの発言、オープン・ユースワークプログラムの策定、ユースシネマのオーガナイズ、ワークショップの発展、ファーマーズマーケットの開催、メンタルヘルスのワークショップ開催、ユース広場のためのデモなどである。それぞれの参加人数は異なり、6～7人の時もあれば、14～15人の時もある。前回のプロジェクトから継続して参加する人もいれば、プロジェクトの終わりと同時にユースフォーラムを辞める人もいる。

　こうした活動を通じて、子ども・若者はモンタフォンへのアイデンティティが深まる。昔からモンタフォンでは、地元の人間よりも観光客が大事だという雰囲気があるが、子ども・若者が大人から真剣に捉えられていると感じることで、地域へのアイデンティティを獲得している。モンタフォンは、大学進学で

---

[10]数学 (Mathematik)、情報科学 (Informatik)、自然科学 (Naturwissenschaft)、技術 (Technik) の頭文字をとったもので、これらの分野では人材不足が申告なため、子どもの頃から関心をもつよう教育に力を入れている。2020年からはフォアアールベルク州内にMINTコーディネーション職ができ、7つのMINT地域が指定された (2023年3月23日に実施したフォアアールベルク州教育局へのヒアリングより)。

地域外にでる若者が多い地域である。山の上に住んでいることもあり、夕方以降はやることがなく「死んだズボン (tote Hose)」だと多くの子ども・若者はいう。また、権威的な地域で、先生に言われたことに従う学生が多い地域だったと言われている。こうした地域で、一緒に何かを協働する文化ができてきたことにより、少しずつ雰囲気が変わってきている。

　課題としては、学校との連携が挙げられる。すべての子どもたちが関わるためには、学校がパートナーとして必要な存在だが、個別の教員がユースフォーラムのために何かをすることは少なく、数名の熱心な教員とやりとりをしているのが現状となっている。また、住民参加を進めるうえでは同じ目線で課題に取り組む姿勢がかかせない。プロジェクトに参加する子ども・若者は、同じ目線で話を聞いてくれる大人を信頼し、自分たちが真剣に捉えられていることや大人がサポートを約束してくれることを嬉しく思う。それが成立しないと、子ども・若者だけでプロジェクトを実施したり、場合によっては実現できなかったりする。学校では一方通行の授業がまだまだ多く、従来の学校のやり方と住民参加のやり方は必ずしも一致しない。そのため、ユースコーディネーターは教員との付き合いにおいても気を使うことになる。

　加えて、ユースフォーラムそのものの歴史が浅く、制度を構築しながら、政策実験的に各種取組みがなされているため、地域によって参加に差があり、10自治体すべてでプロジェクトが展開できていない点も課題と言える。発展途上にあるとはいえ、少しずつ参加が広がってきていることはポジティブに評価すべきことであろう。

7-4　ドイツ、オーストリアからの示唆

　本章で取り上げたドイツ・ゲルリンゲン市の青少年議会とオーストリア・モンタフォンのユースフォーラムは、いずれも子ども・若者の政治参加を実現するための1つのやり方である。若い時から参加機会を増やし、参加に慣れてもらうことは、複雑な民主主義や気候問題に触れるだけでなく、参加を通じて地域のアイデンティティを深めることになる。自分の力で地域を変えていけるという認識や経験は、政治との前向きな関係を構築することにもつながる。

　ドイツ、オーストリアの取組みを踏まえ、子ども・若者参加に関して3点述

べておきたい。まず、子ども・若者と行政や大人をつなぐ専門人材が存在している。専門知を有する同伴者が参加や各種プロジェクトを支えており、こうした専門人材なしに参加は十分機能しない。若い参加者と向き合い、相談にのりながら、プロジェクトの遂行に伴走する人材は、参加を進める上で不可欠な存在である。そして、専門職としてこのような人材が地域で雇用されており、ノウハウが蓄積されながら、取組みを発展していっている。

2点目に、州政府が参加を支援する組織を用意している。政治教育や住民参加を銘打つ行政組織が存在し、情報提供や調査、補助などを通じて参加を促していることは、日本との大きな違いである。さらに参加に関する継続教育が準備されていることも特筆すべき点である。LpBやFEBは、それぞれ青少年議員や子ども・若者に対する継続教育を提供している。

3点目に、子ども・若者の意見が反映される余地のある参加がなされている。アリバイ的に決まった計画に参加をしてもらうのではなく、大人が出てきたアイデアや提案に耳を傾け、子ども・若者と協働しながら参加が進められている。大人の姿勢として、話を聞くことや約束を守ることが重要だが、できない政治家が多いとヒアリングでは聞く。参加にたいして誠実に向き合いつつ、行政の方でもHPやプレスリリースなどで子ども・若者の尽力を発信していくことで、参加が身近なものになっていく。

ドイツでもオーストリアでも、「参加を文化にする」と当たり前のように聞くが、日本ではなかなかそのような言葉は聞かれない。日本においても、子ども議会や青少年議会、気候市民会議、学生気候会議などの住民参加を促す取組みは各地で広がってきているものの、まだまだ参加の機会は乏しいと言わざるをえない。その意味では、まずは小さいことからでも何かしらの関われる機会を作り、実践的な体験を積み重ねていく必要性が示唆される。

■参考文献

LpB [2017], *Jugendgemeinde-WAS?*, Landeszentrale für politische Bildung Baden-Württemberg Fachbereich Jugend und Politik.

LpB [2023], *STUDIE Kommunale Kinder- und Jugendbeteiligung in Baden-Württemberg 2023*, Landeszentrale für politische Bildung Baden-Württemberg Fachbereich Jugend und Politik.

Maurer, Sabine u.a. [2022], *Statistik Kommunal 2022: Stadt Gerlingen*, Statistisches Landesamt Baden-Wrttemberg.

石倉研 [2024]、「持続可能な地域づくりに向けた青少年議会の役割：ドイツ・ゲルリンゲン市を事例として」、『人間と環境』、50(2)、pp.34-38。

結城忠 [2023]、『青少年の政治参加：民主主義を強化するために』、信山社。

ロジャー・ハート著、木下勇・田中治彦・南博文監修、IPA 日本支部訳 [2000]、『子どもの参画：コミュニティづくりと身近な環境ケアへの参画のための理論と実際』、萌文社。

(石倉研)

第**3**部

市民社会のキャパシティ・ビルディング

第 8 章
日本における
市民のキャパシティ・ビルディングの取組み

8-1 脱炭素分野におけるキャパシティ・ビルディングの重要性

8-1-1 日本の自治体における脱炭素分野における政策推進の課題

近年、日本では 2020 年 10 月 26 日の首相によるカーボンニュートラル宣言以降、2050 年までに CO_2 排出実質ゼロを目指すことを表明する自治体「ゼロカーボンシティ」が増加している。これまでに宣言を行った自治体の数は 1000 を超え、ほぼ日本全土をカバーするまでになった。

2022 年 4 月には地球温暖化対策推進法が改正され、地域の温室効果ガス排出量の把握を行い、地域特性にあった対策・施策を盛り込んだ地球温暖化対策実行計画 (区域施策編) の策定を、都道府県、指定都市、中核市、施行時特例市に義務づけ、その他市町村についても努力義務とした。しかしながら全国の自治体の策定率は 40.7% にとどまっている。特に小規模な自治体の策定率が低いことが大きな課題となっている。計画策定が進んでいない背景には、「人員不足」、「対策・施策の実行におけるノウハウ不足」、「地球温暖化対策に関する専門的知識の不足」、「計画に盛り込む対策の予算等の確保が難しい」といった課題が挙げられており、これらに係る支援ニーズも高い事がわかる (野村総合研究所 [2024])。

8-1-2 民間における脱炭素対策推進の課題

　民間部門においても、近年の脱炭素化の進展に伴い、事業所や工場などの拠点の脱炭素化にとどまらず、RE100に象徴されるようにサプライチェーン全体でのエネルギー転換・脱炭素化が求められるようになってきている。RE100は企業経営に必要なエネルギーを再生可能エネルギー100%で賄うことを宣言するイニシアティブである。RE100に加盟するためには、今後事業活動で消費する電力の100%を、遅くとも2050年までにサプライチェーン全体で再生可能エネルギーに転換することを提示する必要があり、直接的にはRE100の対象にはならない部品供給などを行うサプライヤーや取引を行う中小企業にも対応が求められることになる。またRE100同様に企業が自ら科学に基づいた温室効果ガスの削減目標を定め達成に取り組む「SBTi (Science Based Targets Initiative)」でも、自社のエネルギー使用や排出だけでなく、事業に関連する他社の排出、つまりサプライチェーンでの排出量の把握と削減を求められるようになっている。そのため企業の商品やサービス、物流、インフラなどの本来事業においても積極的に脱炭素転換を進めていく必要がある。しかしながら事業者においても脱炭素の取組みを進める人材やノウハウが不足していると報告されている。

　内閣府によれば、脱炭素化に向けて方針策定を進めていく上での課題をみると、「必要なノウハウ、人員が不足している」との回答が最も多く、企業の約4割が課題として挙げている (鈴木ら [2022]、図8.1)。

　こうした認識を背景に、脱炭素化の推進に向けた人材教育の取組状況をみると、すでに脱炭素に何らか取り組んでいる企業の約5割が既に実施もしくは将来の実施を予定しているという。TCFDコンソーシアムが2023年夏に実施した会員アンケートでは、TCFD開示に関して「開示を行う体制・人員の不足」を課題に挙げる企業は、金融機関 (回答数100機関)、非金融機関 (回答数321機関) とも、アンケート回答企業の半数を超える (TCFDコンソーシアム [2023]、図8.2)[1]。これらの結果からも民間企業においても人材やノウハウが対策推進の課題になっていることは明らかである。

---

　[1]2022年4月に東京証券取引所の市場再編が行われ、「プライム市場」「スタンダード市場」「グロース市場」の3つへ再編が行われ、新しい上場基準が定められた。その中でも「プ

8-1 脱炭素分野におけるキャパシティ・ビルディングの重要性

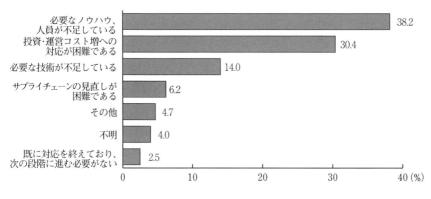

(出典：鈴木ら [2022] より作成)

脱炭素化に向けた取り組みを進める上での課題。

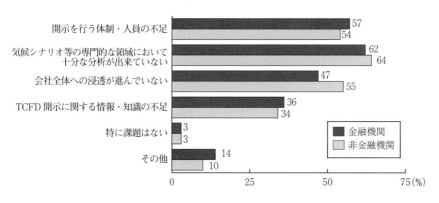

(出典：TCFD コンソーシアム [2023] より作成)

TCFD 開示への対応にあたっての課題。

図 **8.1**

ライム市場」では、コーポレートガバナンスコードの中で上場企業に TCFD に基づいた情報開示を求められるようになった。さらに 2023 年 1 月 31 日、企業内容等の開示に関する内閣府令等の改正により、有価証券報告書等において、「サステナビリティに関する考え方及び取組」の記載欄を新設し、サステナビリティ情報の開示が求められることとなるなど事業者における気候変動への対応がますます求められる状況になっている。

8-1-3 人材養成からキャパシティ・ビルディングへ

　ここまでみてきたように自治体や事業者において脱炭素転換を進めていくためには専門的な人材やノウハウが不足していることが明らかとなった。このような状況を受けて、環境省は、2023年3月31日「脱炭素アドバイザー資格制度認定ガイドライン」を策定・公表し、同年9月26日、「環境省認定制度 脱炭素アドバイザー」の本格運用を開始した。同制度では、脱炭素に関わる民間資格についてガイドラインに基づき環境省が認定を行い、認定された民間資格の合格者は「環境省認定制度 脱炭素アドバイザー」を名乗り活動ができるというものだ。金融機関職員、経営コンサルタント、会計士、税理士、自治体職員、中小企業支援団体職員、事業法人の脱炭素担当者など、幅広い人が脱炭素アドバイザーとして活躍することが期待されている。

　こうした専門人材の育成を行うことも脱炭素転換に向けて重要な要素ではあるものの、一方で実際にアドバイザーとして機能するかどうかは個人の資質や能力に依拠するところが大きく、脱炭素化に関する知識や情報・ノウハウ、ネットワークが個人に蓄積されるだけにとどまり、自治体や企業などの組織に蓄積されていかないことも危惧される。

　専門人材の養成とともに、人材が十分に活用される組織、ネットワーク、制度や政策、社会システムに至るまでの包括的な基盤の整備を行っていくことが脱炭素転換を進めるうえで重要な要素になると考えられる。

　これは「キャパシティ・ビルディング」という考え方にあてはまるものであり、今後はまさに脱炭素分野におけるキャパシティ・ビルディングに取り組んでいくことが求められていると言えよう。また、キャパシティには個人、組織、制度の3つのレベルがあること、持続的なキャパシティ・ビルディングを行うには、そのすべてのレベルに一貫した包括的な介入が必要であり、日本においてはとりわけ組織、制度レベルでのキャパシティの構築、強化、維持する継続的なプロセスの形成が求められる。

　そこで本章および第9章では気候エネルギー政策分野におけるキャパシティ・ビルディングのあり方として、個人に求められる知識やコンピテンシー(能力)、十分に機能する組織のあり方や必要となる制度などについて、国内外のキャパシティ・ビルディングに寄与していると思われるいくつかの取組み事例を参考

に考察していく。

8-2 ローカルグッド創成支援機構の取組み

8-2-1 ローカルグッド創成支援機構の概要

「一般社団法人ローカルグッド創成支援機構」(以下、ローカルグッド)は、エネルギー事業を通じて地方創生を目指して取り組むネットワーク組織である。正会員(地域新電力等) 28 社、自治体会員 29 自治体、賛助会員 27 団体から構成されている (2024 年 10 月末時点)。

ローカルグッドは、「Share (重たいものはシェアしましょう)」「Open (ブラックボックスは無くしましょう)」「Do It Together (共に作り上げましょう)」を掲げ、例えば、単独で契約すると高額となる電力需給管理・顧客管理・料金計算等のシステムをシェアしてコストを下げたり、電力を共同調達したり、審議会等の情報を共有したりといった取組みを行っている。中でもローカルグッドが重視しているのが、地域新電力のキャパシティビルディングと言える。

8-2-2 会員向けのキャンパシティビルディングの取組み

ローカルグッドは、会員向けにさまざまな研修プログラムを実施している。

例えば、電力需給管理のトレーニングでは、需要予測、ポジション作成、卸電力市場での取引、計画提出などの専門的なノウハウを数週間で身につけられるよう、実際にシステムを使った実習を行っている。必要に応じて、講師を新電力に派遣して 2 週間程度をかけて一緒に実務をやりながらノウハウを移転するなど、現場に即した研修が提供される。未経験者であっても 3 週間から 1ヶ月のトレーニングによって実務を担えるようになり、実際、研修を受けた実務家が各地で日々の需給管理を担っている。「需給管理は専門的な知識が必要で、大手に委託する方が良い」という話がなされることもあり、専門的な知識が必要であるという点はその通りだが、その専門性は研修によって充分に移転可能であり、大企業に頼らなくとも地域にノウハウとお金を蓄積できるという実例をどんどん生み出している意義は大きいと言えるだろう。

また、毎年連続講座を実施しており、基礎講座から電力需給管理講座、電力制度、リスクヘッジなどのテーマで研修が提供され、それぞれの地域新電力が

自社で社員研修を行わなくても必要な知識を得られるように工夫されている。

　また、会員向けに、ウェブを使ったネットワーク会合・勉強会が頻繁に行われているのも大きな特徴である。会員全体で行われる会議や勉強会の他に、新電力事業の定例会、需給管理担当者のみによる定例会なども定期的に実施されており、これを通じて最新情報を得ることができるとともに、お互いのノウハウを教え合う契機と関係が提供される。なにかに困っている地域新電力があれば、ローカルグッドはその課題について経験がある他の地域新電力の担当者を紹介・派遣して、連携して課題解決に当たる。

8-2-3　会員以外を対象とするキャンパシティビルディングの取組み

　ローカルグッドは、会員以外に向けてもキャパシティビルディングの取組みを行っており、その1つが「地域による地域のための地域新電力講座」である。この講座は、環境省の「地域脱炭素実現に向けた中核人材の確保・育成委託業務」に応募して採択された地域人材育成事業である。その目的について、「先進的な地域新電力の経営者等から失敗経験を含めた設立・運営ノウハウ、そして『思い』を参加者との意見交換を交えながら共有します。また、希望者には個別の状況に合わせた相談が可能な個別相談会も実施することで寄り添いながら事業の支援を行います。本事業により、地域人材から地域人材へノウハウと思いを移転し『地域脱炭素人材ドミノ』を目指しますとしている (ローカルグッドウェブサイトより)。

　講座は、地域新電力や地域共生型再エネ開発を検討または実施している地域人材 (企業、金融機関、自治体、NPO 等の職員) を対象としており、夏季と冬季に2回、いずれも基本的にはオンラインで実施されている。加えて、現地見学も実施されている (図8.2)。

　特徴は、講師を務めるのが現場を担う実務者ということである。ここには、単に勉強をするだけではなく、実際に実務を担える人材を増やしたいという意向が強く表れている。毎回の講座の終了後には、任意参加の質疑応答・座談会も設けられており、ネットワーク形成にも寄与している。

　ローカルグッドの資料[2])によれば、令和5年度の同講座への参加者数は10講

　[2)]令和5年地域脱炭素実現に向けた中核人材の確保・育成委託業務成果発表会 ローカルグッド発表資料。

図 8.2 の表：

連続講座テーマ	1日目 地域のための地域新電力の作り方	2日目 体制づくりと脱炭素事業	3日目 再エネ開発×電力小売	4日目 地域課題解決事業	現地研修 @神奈川県小田原市
夏期	2024年7月9日(火)	7月16日(火)	7月23日(火)	7月31日(火)	2024年9月6日(金) 13:00〜16:00 ※現地研修会のみ時間が異なります
冬期	2025年1月8日(水)	1月5日(水)	1月29日(水)	2月5日(水)	
14:00開始 17:00頃終了 (各回で終了時間は異なります) ・地域新電力の現状と課題 ・地域新電力の実務紹介 ・失敗しない設立検討のポイント	地域新電力のガバナンスとリスク／ローカルグッド創成支援機構 事務局長 稲垣憲治／脱炭素社会を支える地域新電力となるために／ローカルエナジー 常務執行役員 総務部長 兼 電力事業部長 上保祐実／ローカルシンクタンクを目指して／たんたんエナジー 代表取締役 木原浩貴 取締役 根岸哲生／質疑応答・座談会 (任意参加型)	太陽光発電開発 小売電気事業／飯田まちづくり電力 取締役 海部岳裕／小水力発電開発 小売電気事業／太陽光／ひおき地域エネルギー 新エネルギー推進チーム チーム長 及川斉志 代表取締役 中尾雄一／バイオマス発電 小売電気事業／うすきエネルギー 取締役 小川拓哉／質疑応答・座談会 (任意参加型)	地域課題を解決するための電気事業／三河の山里コミュニティーパワー 取締役 事業本部長 関原康成／エネルギーを核とした交通・防災・まちづくり／能勢・豊能まちづくり 代表取締役 榎原友樹／振り返りと、今後に向けて／ローカルグッド創成支援機構 事務局長 稲垣憲治／質疑応答・座談会 (任意参加型)	〈地域新電力事業の取組紹介〉 〈地域貢献事業のポイント〉 ・小売事業 ・需給管理 ・再エネ拡大による電源開発 ・自治体との再エネ普及事業等 〈ピックアップ紹介〉 ・地域再エネを有効活用したEVカーシェア事業「eemo」(株)REXEV 〈会場周辺での視察〉 (予定) 〈質疑応答・座談会〉 湘南電力

図 8.2 地域による地域のための地域新電力講座の内容。

座でのべ606人回であり、参加者アンケート調査の結果、49.2% が「とても満足」を、43.2% が「満足」を選択しており、合計で90% に達する。また、ほぼ全員が、講座を活かして何らかのアクションを行うと回答している。アンケート調査では「地域人材は誰に支援してほしいか」を尋ねており「実査に同様の再エネ事業をしている他の地域事業者(自社と同規模)」を選択した人が80% に達していた。これは「コンサルタント」(8%) や「実際に同様の再エネ事業をしている大手の企業」(3%) よりも圧倒的に大きい。ここからは「派遣される専門家」ではなく、「一緒に悩んで一緒に取り組んでくれる先輩や仲間」が求められていることがわかる。

　講座を実施した結果、地域新電力の設立準備を開始した参加者や、それまで外部委託していた需給管理を内製化した参加者が次々とあらわれており、同講座が効果を上げていることが確認できる。

　このように、ローカルグッドは、「知識」ではなく「現場で使えるノウハウ」を重視し、ともすれば個人に蓄積しがちなノウハウをローカルグッドが間に入

ることで積極的に他社に移転し、地域エネルギー人材の育成を図っている。

8-3 より公平な社会の実現を目指すCRPの取組み

8-3-1 The Climate Reality Projectの発足

The Climate Reality Project (クライメート・リアリティ・プロジェクト、以下CRP) は、気候変動に対する意識向上と具体的な行動を促進することを目的とした国際的な環境団体である。2006年に、アメリカの元副大統領であり、ノーベル平和賞受賞者でもあるアル・ゴアは、気候危機に対する世界的な解決策を促進するために、社会のあらゆる分野で緊急の行動が不可欠であると認識させることを目的に、CRPを設立した。CRPでは、さまざまな背景を持つ人々を対象に、トレーニングを行い、それらの人々とともに、公正な気候変動対策に取り組めるようにサポートすることで、世界中でエネルギー転換を加速させ、公正な移行を実現し持続可能な未来を築いていくことを目指している。

8-3-2 クライメート・リアリティ・リーダーの養成

このプロジェクトの特徴的な活動の1つが、クライメート・リアリティ・リーダー(以下、CRリーダー)の育成である。世界中の一般市民、活動家、教育者、政治家などを対象にした、アル・ゴアや他の専門家による気候変動に関する集中トレーニングで、世界中の活動家やリーダーが参加している。これを受けた参加者は、CRリーダーとして、自らの地域社会で講演やイベントを通じて、気候変動に関する知識を広め、行動を促す役割を担うことになっている。このトレーニングはCRP本部のあるアメリカを中心にしながら世界各地で開催されており、これまでに190カ国・地域から参加し5万人以上のリーダーが誕生している。

日本でも2019年10月にCRPが主催するCRリーダー育成のためのトレーニングが東京で2日間にわたり開催された。800人ほどの一般市民、活動家、ビジネス、政治家、学生などが参加し、アル・ゴアや気候変動分野の専門家等からの情報の提供とともに参加者間での交流・ネットワーキング形成のための時間が持たれた。日本でのトレーニングの参加者の傾向としては、一般的な気候変動関係のイベントなどに比べてビジネスや金融、自治体の関係者、学生な

どが多くなっていた。CRPのトレーニングでは知見の提供に加えて、ネットワーキングを重視しており、これまでに繋がりが少なかった人々による新たなネットワーキングの場となることを意識したプログラムになっていることが特徴的である。

東京でのトレーニングの後、2021年の秋にはCRPの日本支部(以下CRPジャパン)が設立され、日本における本格的な活動がスタートすることになった。日本の活動では東京トレーニングに参加したリーダー達が、関心のあるトピックごとのグループで気候アクションを企画・実行するプログラム、「Action Groups」が中心に活動を行っている。アクショングループには気候教育、地域の気候対策、生物多様性、ビジネス・アクション、エネルギー転換、省エネルギーの6つがあり、100人ほどのリーダーたちが自分の関心や活動の背景に基づき参加している。

8-3-3　DEIJに基づくアプローチ

こうしたアクショングループをはじめCRPの活動の方針として気候危機の解決に向けて、より公正で公平な世界、そして活動そのものの実現を目指していることがある。気候変動は人権の問題であり、元々社会的・経済的・地理的など多様な理由が絡み合い脆弱な立場に置かれた人々が、その影響を最も早くひどく受ける。これまで世界中で不公平な被害を引き起こし、対策においても決定プロセスに当事者の声が反映されていなかったり、不公平な負担を強いてきたりした経緯や複雑な社会システムを考慮することが必要である。この不公平・不公正の是正を目指す「気候正義(クライメート・ジャスティス)」は、CRPの最重要ミッションになっている。この気候正義の実現を目指す中で、多様な人々の集まるCRPジャパンの活動においても、DEIJと呼ぶ「ダイバーシティ(多様性)」、「エクイティ(公平性)」、「インクルージョン(包括・包含性)」、「ジャスティス(公正性)」をテーマにした活動に力を入れている。

(1)　多様性の重視(Diversity)

CRPジャパンは、さまざまな背景を持つ人々の声を重要視している。日本国内の気候変動への対応は、地域ごとの環境や社会的状況に依存することが多く、幅広い視点が必要になる。例えば、都市部、農村部、離島などの地域差に

配慮し、画一的ではない、それぞれのニーズに応じた気候変動対策を実施することが求められる。また、性別、年齢、職業に関係なく、誰もが参加できるプロジェクトを推進していくことが重要である。

（2） 公平性の促進（Equity）

気候変動の影響は、社会のなかでより弱い立場にある人々に大きな負担を強いることが多くなっている。特に、異常気象の影響による災害の頻発やエネルギー政策の変化は、低所得者や地域コミュニティに大きな影響を与えることがある。CRPジャパンは、このような不平等を是正し、すべての人々が公平に恩恵を受けられるようになることを目指している。特に、地方のコミュニティ主導の再生可能エネルギーの導入や、被災地でのレジリエンス強化の取組みを推進している。

（3） 包摂性の向上（Inclusion）

CRPジャパンは、すべての人々が気候変動に対する取組みに参加できる環境を整えることを重視している。性別や年齢、社会的背景に関係なく、誰もが気候変動に対する意識を高め、行動を起こせるように、教育プログラムやトレーニングを提供している。特に、若者や女性、LGBTQ+コミュニティのように脆弱な立場に置かれやすい立場の人に配慮し、多様な視点を取り入れることで、より包括的なアプローチを実現しようとしている。

（4） 正義の実現（Justice）

気候変動は、歴史的に見ても、社会的不公正と密接に関連している。CRPジャパンは、気候変動によって最も大きな影響を受けるコミュニティが、意思決定の過程において重要な役割を果たすべきだと考えている。そのため、特に気候変動の影響を強く受けるコミュニティや、過去に環境・社会的に不平等な扱いを受けてきたグループに焦点を当て、彼らの声を反映させる活動を行っている。また、過去の環境破壊やエネルギー政策による不平等を是正することを目指している。

上述したようにDEIJは、多様性に富み、インクルーシブな活動は気候変動問題の解決に重要であり、そのための協力体制を築くためにも、確実に影響を受けている人々、とりわけ過去に排除されてきた人々と協力しなければならな

いとするアプローチである。日本ではまだまだ馴染みが薄いが、CRP ジャパンでは近年は、DEIJ についてリーダー達や他の気候変動関連団体のスタッフなどにも広げていくためのトレーニングを開催するようになっている。こうした DEIJ の取組みは、気候危機に直面するすべての人々に公平なチャンスと支援を提供するための基盤となることから、気候変動分野における人材の養成やキャパシティ・ビルディングについて考えるうえでも重要な要素になると考えられる。

　この他にも CRP ジャパンではトレーニングを受けたリーダー達によるプレゼンテーションの機会の提供や、気候変動について広く学ぶことができる書籍の発行、若者を対象にした気候変動教育プログラムの開発などにも取り組んでいる。

8-4　Just Transition とキャパシティ・ビルディング

8-4-1　Just Transition (公正な移行) とは

　脱炭素・化石燃料からの脱却は、多くの産業に大きな構造的変革をもたらし、関連する仕事や地域にも影響をおよぼすことが心配されている。例えば自動車産業では、これまで製造してきたガソリン・軽油等を燃料とする自動車から、走行時に CO_2 を排出しない電気自動車に転換していくためには、改めて技術体系、車体設計、製造体制、人材の養成等を見直していかねばならず、多くの投資を必要とすることになる。また、これまでのガソリン車を作っていた工場などが廃止されることにもなる。エネルギー関連企業では石油・石炭・天然ガスなどを保有・販売・発電等を行っているため、化石燃料の使用を禁止されたり、制限されたりすることはビジネスそのものの存続の危機にもなりかねない。特に、化石燃料関連産業およびエネルギー集約型産業の労働者や企業は影響を受けることが予想されている。2016 年度のデータを分析した研究 (未来のためのエネルギー転換研究グループ [2021]) では、それらの産業で働く従業員数は約 15 万人、そこで生み出される付加価値の総額は 4 兆円を超えると推計されており、その経済的・社会的な影響は非常に大きいものとなる。

　また、こうした脱炭素社会への移行はすでに国内でもはじまっており、電力、

164　　第 8 章　日本における市民のキャパシティ・ビルディングの取組み

表 8.1　国内での脱炭素社会への転換に伴う影響例。

部門	地域	内容
電力	山口県宇部市	電源開発が宇部興産との共同出資での建設を予定していた山口県宇部市の石炭火力発電所の計画の取りやめを発表。
鉄鋼	広島県呉市、和歌山市、茨城県鹿島市、千葉県君津市、北九州市	日本製鉄が国内の高炉 5 基を休止の後に閉鎖し、国内に立地する高炉を 15 基から 10 基に削減すると発表。
自動車	栃木県真岡市	ホンダが栃木県真岡市にあるエンジン製造工場を 2025 年に閉鎖すると発表。

(出典：気候ネットワーク [2021])

鉄鋼、自動車などの分野で具体的な影響がではじめている (表 8.1 参照)。

　これらの産業を含め脱炭素社会への移行に伴い、誰もが取り残されないように、特に労働者の仕事と収入を確保していくための政策が重要になっている。こうした取組みは、「公正な移行 (ジャスト・トランジション)」と呼ばれている。公正な移行の実現のためには財政・資金面を含めてさまざまな支援が必要となる。日本は過去の炭鉱閉鎖に伴い 20 万人以上の離職と移行を経験し、その際には 4 兆円の財政支出を実施している。こうした経験を元に、個々の企業だけでなく、それらの産業に依拠した地域についても脱炭素への移行を円滑に行えるように支援していくことが必要になる。

　公正な移行の実現のためには、国や地域、そして労働者やコミュニティが、気候変動対策に対応できる能力を保つ必要があることから、キャパシティ・ビルディングは非常に重要な要素になる。

8-4-2　政策立案者のキャパシティ・ビルディング

　各国が公正な移行を実現するためには、脱炭素化や気候変動対策に関する政策を策定し、それを実行するための制度を整備する能力が必要になる。しかし、多くの国や地域は、こうした政策の策定や実施に関する経験や知識が不足している。そこで、国際機関や支援団体が、政策立案者や政府機関に対して技術的支援を提供し、グリーン経済への移行を推進するための制度構築や政策立案能力を高めていくことが求められる。

8-4-3 労働者のキャパシティ・ビルディング

グリーン経済への移行に伴い、従来の化石燃料産業で働いていた労働者は新しいスキルを身につけ、再訓練を受ける必要がある。特に、再生可能エネルギー、省エネルギー、持続可能なインフラなど、グリーンジョブに必要なスキルを持つ労働者を育成することが重要になる。このようなスキルギャップを埋めるための能力構築が、公正な移行において不可欠となる。また、特定の業種や企業の労働者のリスキリングという意味にとどまらず、例えば、女性や若者を対象に、グリーンジョブに必要なスキルを提供するプログラムの展開、そのための制度の整備なども求められる。

8-4-4 コミュニティのキャパシティ・ビルディング

公正な移行における能力構築は、コミュニティ全体のレジリエンス(回復力)を強化することにもつながる。特に、気候変動の影響を直接受ける脆弱なコミュニティや労働者層は、気候変動による経済的・社会的な変化・影響に対応できる力を高める必要がある。そのためには、脆弱な地域の経済の多様化や持続可能な生計手段の開発など、地域社会がグリーン経済への移行に備えるための支援が必要になる。

以上のように、公正な移行においてキャパシティ・ビルディングは、政策立案者、労働者、コミュニティのスキル向上と制度的な準備を促進するための中心的な要素になっている。キャパシティ・ビルディングがなければ、公正な移行は単なる理想論にとどまってしまう可能性があり、その実現のためには、長期的かつ包括的なスキル育成と支援が不可欠になる。

8-5 日本の脱炭素分野におけるキャパシティ・ビルディングの課題

日本においては脱炭素の取り組みを進める人材やノウハウが不足していることが大きな課題となっている。そういった中で、ローカルグッドやCRPジャパンなどのように人材養成やノウハウ共有に取り組んでいる事例も生まれてきている。

この他にも、「ゼロエミッションを実現する会」では、自治体のCO_2排出を2050年までに実質ゼロにすること(=ゼロエミッション)を目指して全国の市

町村で活動しており、それぞれの地域でアクションを行うとともにそのノウハウを蓄積・共有している[3]。また、1999年から京都で継続して開催されている「自然エネルギー学校・京都」では、再生可能エネルギー普及のための人材養成とネットワークづくりを目的に、参加・体験型のプログラムを提供し、これまでに300名以上が参加している。参加者たちはプログラム終了後には、その中で得た知識やノウハウ、ネットワークを活用して、各家庭での太陽光発電の設置や、地域での再エネ導入の実践、さらには各地での同様の人材養成講座を開催するなど、多様な活動を行っている。このように日本にも人材養成や団体・組織を通じたノウハウの蓄積、ネットワーク化が一定程度進み、政策にも影響を与えるような成果も見られるようになってきた。

その一方で公正な移行で取り上げたように、多くの労働者に対するリスキリングを始めとした政策による教育機会の保障や、9章で紹介する気候市民会議や7章の若者議会のように市民や若者の政策への参画を保障するような仕組みづくりは、国内ではまだ殆ど行われていない。

日本での持続可能な脱炭素社会への移行のためには、制度レベルでのキャパシティ・ビルディングの構築を急がなくてはならない。

■参考文献

気候ネットワーク [2021]、「公正な移行 ── 脱炭素社会へ、新しい仕事と雇用をつくりだす」、https://kikonet.org/content/21062 (最終閲覧日2024年9月30日)。

鈴木源一朗・苫瀬瑞生・水野亮介・久保達郎 [2022]、「経済財政分析ディスカッション・ペーパー 我が国企業の脱炭素化に向けた取組状況 ── アンケート調査の分析結果の概要」、https://www5.cao.go.jp/keizai3/discussion-paper/dp222.pdf (最終閲覧日2024年9月30日)。

TCFDコンソーシアム [2023]、「2023年度TCFDコンソーシアム TCFD開示・活用に関するアンケート集計結果」、https://tcfd-consortium.jp/news_detail/23092901 (最終閲覧日2024年9月30日)。

野村総合研究所 [2024]、「令和5年度 地方公共団体における地球温暖化対策の推進に関する法律施行状況調査調査結果報告書」、https://www.env.go.jp/policy/

---

[3] 横浜市や東京都内の市区 (港区、江戸川区、葛飾区、江東区、文京区、大田区、世田谷区、練馬区)、武蔵野市、調布市、小金井市、国立市、立川市)、千葉県などの関東圏を中心にしながら全国の地域で活動する市民のネットワークづくりにも取り組んでいる。

local_keikaku/sakutei5.html（最終閲覧日 2024 年 9 月 30 日）。

未来のためのエネルギー転換研究グループ [2021]、「レポート 2030：グリーン・リカバリーと 2050 年カーボン・ニュートラルを実現する 2030 年までのロードマップ」、https://green-recovery-japan.org/pdf/japanese_gr.pdf（最終閲覧日 2024 年 9 月 30 日）。

（豊田陽介・木原浩貴）

第 9 章
ドイツ、オーストリアにおける
市民のキャパシティ・ビルディングの取組み

9-1　はじめに

　前章ではキャパシティには個人、組織、制度の３つのレベルがあること、持続的なキャパシティ・ビルディングを行うには、そのすべてのレベルに一貫した包括的な介入が必要であり、日本の脱炭素分野においてはとりわけ組織、制度レベルでのキャパシティの構築、強化、維持する継続的なプロセスの形成が求められることを指摘してきた。

　本章では欧州、特にオーストリアにおける組織、コミュニティ、制度レベルでのキャパシティの構築、強化につながる取組み事例について紹介する。

9-2　市民参加を重視する政治決定の仕組みの必要性

　気候変動問題は幅広い分野での社会経済活動に起因していることから、その対策を進める上で利害が関係する主体も多様になる。そのため脱炭素政策を行政だけで実行していくことには限界があり、関係する主体間での合意形成と協働が不可欠になる。そのため、市民や事業者をはじめとする多様な主体の参加を得て、市民参加型の対策を進めていくことが重要なことである。

　自治体として、より一歩踏み込んで公平に市民の声を拾うための新たな取組みとして無作為抽出(ランダムに選ばれる)で集まった一般市民が気候変動対策

について話し合う「気候市民会議」が注目を集めている。気候市民会議はフランスやイギリスで始まり、ヨーロッパでは2015年のパリ協定以降広く開かれるようになった。日本でも2020年11月に北海道札幌市で日本初となる気候市民会議となる「気候市民会議さっぽろ2020」が開かれた。気候市民会議さっぽろでは、オンラインを活用し4日間にわたり一般市民が議論を行った脱炭素社会の実現への取組みが札幌市に提言された。札幌市は、翌年3月に策定した気候変動対策行動計画にこの結果を反映している。こうした札幌の取組みを参考に、その後、川崎市、武蔵野市、所沢市、つくば市などでも開催されてきた。市民の声を拾い上げ直接的に行政に届ける手法として、今後さらに広がりを見せていくことが期待される。また、5章で紹介したように大学として初めてとなる学生気候会議が龍谷大学で2021年から毎年開催されている。

こうした気候市民会議の開催については、一定程度は日本でも広がりつつあるが、あくまでも先進的なモデルとして実施されている段階であり、一般化された取組みにはなっていない。また、気候市民会議で出された意見が実際の政策に反映させるかどうかを検討するための仕組みが整備されているわけではない。前章でも述べたように、多様性に富み、包括性を持った取組みこそが気候変動問題の解決のためには重要であることからも、自治体政策においても多様な市民の声を受け止め政策決定に反映していく仕組みを確立していくことが重要となる。

9-2-1 オーストリア・フォアアールベルク州における参加型民主主義

日本では前述したように気候市民会議が注目を集めているが、欧州では気候変動に限らず特定のテーマに関して多様な市民が参加し討論を通じて合意形成を図り、政策提言を行う手法として「Bürgerrat（ビュルガーラート）」という仕組みが広がっている。ビュルガーラートは、ドイツ語で「市民評議会」を意味し、特定の政策課題について多様な市民が集まり、討論を通じて合意形成を図り、政策提言を行う形式の民主的なプロセスのことである。ビュルガーラートは、通常ランダム（無作為抽出）に選ばれた市民によって構成され、専門家の意見を聞きながら、自らの経験や考えを共有し、社会的な課題に対する解決策を提案する場となっている。

9-2 市民参加を重視する政治決定の仕組みの必要性 171

　このビュルガーラートを制度的に位置づけ、参加型民主主義の実現に活用している のがオーストリア・フォアアールベルク州である。フォアアールベルク州は、オーストリア西部に位置し、参加型民主主義(participatory democracy)を積極的に推進している地域として知られている。特に、市民が政治プロセスに直接関わり、意思決定に参加できる仕組みを整備している点で注目されている。同州は、伝統的な代表制民主主義だけでなく、住民が政策形成や公共プロジェクトに関与する参加型民主主義のモデルを実践しており、その取組みは国内外で高く評価されている。

　制度レベルでのキャパシティ・ビルディングという視点から、フォアアールベルク州におけるビュルガーラートをはじめとする参加型民主主義の取組みについて紹介する。

9-2-2　フォアアールベルク州における参加型民主主義の取組み

　フォアアールベルク州で参加型民主主義が推進されるようになった背景には、地域社会の伝統、行政の透明性の向上への意識、そしてより市民中心の政治を求める声の高まりが大きく関係している。20世紀後半から、ヨーロッパ全体で市民の政治参加や意思決定への関与を求める声が高まっていた。特に環境問題や持続可能な地域開発に対する市民の関心が高まり、住民が政策決定により直接的に関わる方法が模索され始めるようになっていた。同時期に、フォアアールベルク州政府も市民の政治への関心を高めるために、行政の透明性を高め、市民との対話を重視する改革を進めていた。

　そういったなかで2005年からビュルガーラートが制度として導入されることになった。ビュルガーラートの導入は地域の住民が意思決定に直接関与する新しい手段を提供し、民主主義の質を向上させることになった。さらにフォアアールベルク州では2013年に憲法が改正され、この参加型アプローチが正式に導入されることになった。具体的には、州憲法第1条第4項で「フォアアールベルク州は参加型民主主義を推進する」と明記されており、これに基づいて、市民や自治体の要請に応じて、無作為に選ばれた市民が集まり、特定の課題について議論し提言を行うビュルガーラートが開催されるようになった。ビュルガーラートの開催は、州政府や各自治体が特定のテーマを設定して開催するも

のに加えて、1000人の署名を集めれば市民側からも発起できる制度になっている。また、ビュルガーラートの結果は、行政や議会に提案され、政策に反映されることが目指されている。

このようにフォアアールベルク州政府が参加型民主主義を州憲法に明確に位置づけることで、住民の政治参加を制度的に保障し、住民の意見を政策に反映させるための基盤となっているのである。

9-2-3 ビュルガーラートの手法

ビュルガーラートはダイナミックファシリテーションという方法で進行し、議論を通じて創造的かつ建設的な解決策を見つけるプロセスを重視している。具体的には表9.1のような流れになっている。

表 **9.1** ビュルガーラートのプロセス。

プロセス	内容
委員の選出	段階的な無作為抽出による委員の選出。 1段階目、性別・年齢・住所による無作為抽出。 2段階目、教育レベル・収入・母語による無作為抽出。
市民会議の開催	選ばれた市民10〜15人による熟議の実施。 参加型イベント形式による1.5日の議論を行い、共同提言を作成する。
市民カフェ	ワールドカフェの手法を用いてアイデアを発表・公表。 関心を持った市民や政治団体が参加する (50〜100人)。
レスポンダー・グループによる提案内容の評価・とりめとめ	提言内容の精査と結果の取りまとめ。 テーマに関係する機関や専門家が参加して、市民会議の提言内容やアイデアについて実現可能性を精査する。 市民会議と市民カフェの結果を公式な報告書にまとめ、行政と住民がさらにその内容について深められるようにする。
議会での決議と州政府からのフィードバック	どのような措置を講じたのか、講じるのかといった詳細なレビューを発表しなくてはならない。

9-2-4 気候変動をテーマにしたビュルガーラートの成果

フォアアールベルク州では2021年に「Klima-Zukunft (気候の未来)」と題したビュルガーラートが開催された (以下、気候市民会議とする)。開催の背景

としては同州では2019年7月にオーストリアの州として初めての「気候非常事態宣言」を宣言し、気候変動に対する積極的な対応が必要であることが広く認識されるようになった。この宣言により、州全体で気候変動対策に焦点を当てた施策が優先されるようになり、市民が積極的に政策に参加する機運も高まりをみせてきた。そういった中2021年2月から4月にかけて市民から1278名人分の署名が集められ、気候変動をテーマにしたビュルガーラートが開催されることになった。気候市民会議ではランダムに選ばれた21人の市民が参加し、1.5日間にわたって討論が行われた。

　フォアアールベルク州は、2050年までにエネルギー自立を目指す目標を掲げ、持続可能なエネルギーへの移行を目指している。そのため、地域の具体的な行動計画や政策策定には、市民の協力が必要不可欠となる。そこで気候市民会議では、エネルギー消費の削減、再生可能エネルギーの拡大、交通の持続可能な転換といったテーマが扱われ、これらの目標に向けた市民からの提案が議論されることになった。

　具体的な気候市民会議の開催の流れは表9.2の通りである。

表 **9.2**　気候市民会議のプロセス。

日程	内容
2021年7月2・3日	市民会議の開催。 21歳から64歳までの20名が委員として参加。1.5日間かけて2つのグループで並行的に議論を行い、その成果を統合し、6つの中核的なトピックを策定した。
2021年7月6日	市民カフェの開催。 市民会議の成果を市民カフェで発表、意見交換。 州政府からの最初のフィードバック。
2021年9月23日	共鳴グループでの実現可能性の検討。 この市民会議の内容については、追加的に学術的な評価が行われた(後のレスポンダーグループのプロセスとなった)。
2021年9月	最終文章のとりまとめ
2021年10月	州政府による提言内容の決議と参加者へのフィードバック

　気候市民会議での議論を通じてまとめられた提案やアイデアは、「Bürgercafé(ビュルガーカフェ)」と呼ばれるワールドカフェ方式の公開討論会で共有され、

政治家や行政関係者とともにさらに議論が進められた。さらに市民会議の提案内容が多岐にわたり、具体的なアクションが求められることから、追加的な検討・検証を専門的に行う専門的なグループが設けられ、提案の中で優先度の高いものを特定し、政策に落とし込む作業を進めることになった。特に、再生可能エネルギーの拡大や教育キャンペーンの強化、持続可能な交通システムへの移行について議論され、その実行可能性が検討された。このグループは、後にResponder Group (レスポンダーグループ) として正式にビュルガーラートのプロセスの中に位置づけられることになった。

また、レスポンダーグループは、市民評議会の提言に基づいて具体的な政策変更や新しいプロジェクトを提案するだけでなく、市民に対して進捗状況をフィードバックすることも行う。これによって市民は自身の提案がどのように検討され、実行に移されるのかを確認することができ、透明性が確保されることにつながる。レスポンダーグループは、住民が直接提案した政策がどのように実行に移されるかをモニタリングし、持続的な改善を図るための重要な役割を担っている。

こうした過程を経て、気候市民会議は州の気候変動政策に対して次のような具体的な影響を与えることになった。

(1) エネルギー政策の強化

気候市民会議の提案の1つに、再生可能エネルギーの拡大があった。特に、水力発電、太陽光発電、風力発電のさらなる活用が推奨された。これを受けて、フォアアールベルク州は、エネルギーの自立を目指す長期目標「エネルギー自立2050」の実現に向けて、再生可能エネルギーの拡大を目指しているが、そのなかで、太陽光発電の導入を加速させ、2030年までに地域の電力供給を100%再生可能エネルギーで賄うという目標が立てられている。

(2) 気候教育と意識啓発

気候市民会議では、気候変動に対する意識啓発活動や教育の重要性が強調された。この提言を受けて、フォアアールベルク州では、学校や地域社会を対象に、気候変動に関する教育プログラムの強化が進められた。特に、若年層への気候教育を通じて、持続可能な社会の形成を促進するための取組みが強化された。

（3） 持続可能な交通インフラの推進

モビリティの分野では、公共交通の拡充や自転車利用の促進が提案された。この提言を受け、フォアアールベルク州は、環境負荷の少ない交通手段の導入の促進が強化されている。具体的には、自転車インフラの整備や電動バスの導入が検討され、都市部における交通渋滞の緩和と二酸化炭素排出の削減に向けた取組みが加速している。

（4） 政策の透明性と市民参加の拡大

気候市民会議での提言では参加型プロセスの重要性・有効性が再度強調されたことにより、州政府は政策の透明性を高め、市民が政策決定に継続的に参加できる仕組みの整備を進めることになった。レスポンダーグループのように市民が政策の進捗や成果を確認できる仕組みが導入され、定期的なフィードバックが行われるようになった。この透明性の向上は、気候政策の実行に対する市民の信頼を高める重要な役割を果たしている。

9-2-5　プロセスの透明性とフィードバックの重要性

フォアアールベルク州の参加型民主主義の特徴として、意思決定プロセスの透明性と市民からのフィードバックの重視がある。ビュルガーラートなどで提案された意見やアイデアは、必ず政府や行政機関で検討され、その結果が市民に公表される。これにより、市民は自らの意見がどのように政策に反映されたかを確認することができ、政策決定への信頼が高まることにもなるのである。

こうしたフォアアールベルク州の参加型民主主義の取組みは、他の地域や国にとっても、より参加型で民主的な社会を構築するためのモデルとなるだろう。

9-3　地域のキャパシティを高めるローカル・アジェンダ21プロセス

本書で繰り返し指摘されているように、持続可能な脱炭素地域社会の構築には、人間社会の価値観や選択の転換が必要になる。そこでは、個人レベルでの変化とともに、組織や地域社会の意思決定のあり方や取組みの変革も求められている。これらを実現するための要素の1つとして、われわれは「学び」の要素に注目してきたが、これは何も教育的な学びにとどまらない。こと地域づく

りなど現実社会の実践に関する分野では、実際の経験から得られることが、個人や組織、ひいてはそのネットワークとしての地域全体のキャパシティを高める事例を様々なところで見てきた。

そのような実体験を提供している例の1つとして、「ローカル・アジェンダ21」(Local Agenda 21：以後、LA21)の取組みがある。LA21は、1992年の地球サミットにおいて地域レベルでの持続可能な発展の実現ツールとして参加各国から承認されたもので、日本では京都市や豊中市(大阪府)などごく一部の地域を除いてほぼ見られなくなっているが、世界的には今でもさまざまな地域で、これをツールとした持続可能な地域社会づくりが進んでいる。そこでここでは、改めてLA21の歴史的背景や構成要素を概観した上で、国を挙げてLA21の普及促進を進めているオーストリアを取り上げ、LA21の社会的意義やキャパシティ・ビルディングのツールとしての可能性について検討を行う。

9-3-1　LA21の歴史と必要要素

LA21は、1991年にICLEI (International Council for Local Environmental Initiatives：持続可能な都市と地域をめざす自治体協議会)が主導した国際的な専門家ワーキング・グループの中で検討が進められ、そこでの提言をもとに、翌年の「国連環境開発会議(地球サミット)」において、持続可能な地域社会を実現するための国際的なツールとして推進することが承認されたものである。その会議のアウトプットの1つである「アジェンダ21」の第28章では、「1996年までに、世界各国の地方自治体は、住民との協議プロセスを実施し、地域社会のための「ローカル・アジェンダ21」についての合意を得るべきである」(United Nations [1993], p.393, paragraph 28.2.) と、LA21について時限付きで目標が設定されている。

ICLEIはその後も、LA21推進のための国際的な補助金プロジェクトや成功事例を共有するイベントの実施、LA21に必要な要素と計画ガイドの設定(ICLEI [1996])、など、積極的にLA21の普及に尽力した。ICLEIは、LA21について次のように定義している：

　「(LA21は)アジェンダ21で設定された目標を地域レベルで実現するための参加型かつセクター横断的なプロセスであり、地域の実状に合わせた

持続可能な発展の優先順位を設定した、長期の戦略的な行動計画の策定と実践を通して行われるものである」(ICLEI and DPCSD [1997], p.3)

この定義では、参加・協働型、実践的、戦略性、長期的視点、地域の特徴の把握など、LA21 が有するコンセプトが見事に示されている。また、これらを実現する際に必要な、人々や組織のキャパシティ・ビルディングについても、LA21 の実践に必要かつ重要な要素として、この時期のさまざまな研究や会議で示されていた (例えば、UN [1993]; Warburton [1998])。

LA21 には、その「母体」であるアジェンダ 21 と同様、国際的には法的拘束力はない。にもかかわらず、最盛期には世界の 6500 の自治体が採用し[1]、いまだに実践ツールとして活用されていることは驚くべきことである。その成功要因と考えられるのが、ICLEI [1996] も LA21 の構成要素の 1 つとして指摘していた、政治のコミットメントと自治体の他政策 (特に実施が義務付けられた) とリンクさせた実施で、これらの要素を上手く取り入れて実践に繋げているのが、オーストリアである。

9-3-2 オーストリアにおける LA21 の活用

オーストリアでは、1998 年から LA21 の普及に取り組んできた。2003 年に、LA21 を市民参加・協働による持続可能な地域づくりのための「グッド・ガバナンスのモデル」として設定する「オーストリアにおけるローカル・アジェンダ 21 に関する共同宣言」を発表し、その翌年には、LA21 プロセスの質に関する最初の「基本的要素 (Basisqualitten)」を策定した。9 つの州すべてに LA21 の普及や実践のサポートを行う支援組織をおき、計画策定と実践のための補助金も設定するなど、連邦・各州政府によって集中的な支援が行われており、これまでに自治体や広域連携も合わせて約 480 のプロセスが実施されている (MELÖ [2017]; BKUEMIT [2021])。

LA21 プロセスの質を担保する基本的要素は、これまでの国内での実践経験をもとに現在バージョン 4.0 までアップデートされている。その中で、LA21 のオーストリアとしての解釈が定められている (BKUEMIT [2021] pp.5-6)：

---

[1] CITEGO website : https://www.citego.org/bdf_fiche-document-1299_en.html。

- LA21 は、(パリ協定で設定された) 2030 アジェンダに沿って設定された持続可能な発展の目標を、地域や広域レベルで実現するための、広範な市民参加を得て策定・実施されるツールである。
- LA21 は、市民、政治、行政、企業のための協働プラットフォームで、他の地域開発関連の仕組みと組み合わせて活用されるためのものである。
- LA21 は、市民が機会をとらえ、持続可能性へのアイディアをプロジェクトで実現できるように、市民の能力を高める。

　これらの解釈の元に、実践プロセス、市民参加、計画の内容、のそれぞれについて基本的要素を設定している。実践プロセスについては次の 6 つであり、これらのプロセスが専門的かつ市民の広範な参加により実施されることではじめて LA21 を成功に導けるとしている。

1. 持続可能な発展/アジェンダ 21 へのコミットメントに対する政治的な決定。
2. 広範でアクティブな市民参加。
3. コア・プロセス (包括的かつ国際的なミッションを意識しつつ、地域の実状を踏まえた計画づくりための参加型かつプロフェッショナルな実施プロセス)。
4. 具体的な持続可能性へのプロジェクトと対策。
5. プロセスの調整・自己管理と評価。
6. (他地域や関連政策との) 連携やネットワーキング。

　市民参加の基本的要素としては、市民参加の段階を 5 つ (積極的な情報提供、さまざまな意見表明の機会提供、協働による計画内容の検討、意思決定への参画、プロジェクト実施における (部分的な) 責任) に分けて説明し、LA21 プロセスでは、そのうちのはじめの 3 つを最低限実施するものとして設定している。また、これらを支えるための外部の専門組織による支援の重要性も指摘している。事実、上述の通りオーストリアではすべての州に LA21 プロセスをサポートする専門組織を設置しているほか、関連する気候変動対策や農村再生などの分野でも、さまざまな中間支援組織や専門家集団が、LA21 プロセスと連携しつつ活動している。

　計画の内容の要素については、1) 環境と自然資源、2) 経済、3) 社会・文化的

要素、の3つの分野にわけて合計39の対策テーマが設定されており、これらが評価指標としても機能している。LA21プロセスとして認められるためには(つまり、LA21関連の補助金を受けるためには)、少なくともその半分のテーマに対応している必要がある (BKUEMIT [2021])。

9-3-3　州・自治体レベルでの取組み

　以上のような国の明確な解釈とクオリティ設定のもと、州や自治体レベルではどのように実施が進んでいるのか、ここでは、チロル州とザルツブルク州の例を紹介する。

　チロル州では、LA21を地域の環境・経済・社会・文化の持続可能性を実現するための重要なツールと位置付けており、上述した国のフレームワークに添いつつ、州の土地整備課の中に設置された「村リニューアル (Dorferneuerung)・ローカル・アジェンダ21事務局」が、州内のLA21実践のサポートを提供している。チロル州内の277の自治体を8名のスタッフで担当しているため、財政状況が良くない自治体や小規模自治体を優先してサポートする工夫をしている。また、これらのスタッフとともに、外部の専門家として地域で同伴支援を行う「プロセス・ファシリテーター (ProzessbegleiterInnen)」の仕組みを整備し、50名を超える専門家(建築や気候問題、コミュニケーションの専門家など)のネットワークを構築している[2]。

　チロル州政府は、自治体の持続可能な地域づくりを支える仕組みとして、LA21の補助金と村リニューアルの補助金を整備しているが、持続可能な地域社会のための戦略づくりやSDGsを包括的に扱う事業についてはLA21で、より個別テーマの地域活性化プロジェクトは村リニューアルで、という形で役割分担を行なっている。この2つを1つの事務局が担当することで、より大きな戦略性や計画をLA21で設定しつつ、それに合わせた具体的なプロジェクトを村リニューアルで実施する、といった一貫性のある取組みを可能としている。

---

[2]Amt der Tiroler Landesregierung, Dorferneuerung Tirol Infobroschüre Dorferneuerung und Lokale Agenda 21 :
https://www.tirol.gv.at/fileadmin/themen/land-forstwirtschaft/agrar/
dorferneuerung-tirol/Downloads_Neu/Infobroschuere_DE___LA21.pdf.

また、LA21による市民参加型の戦略づくりの段階で、持続可能性や脱炭素といった概念や価値観を同伴支援を通して共有していくことで、地域全体の意識を緩やかに方向づけている。

このようなLA21関連の取組みに対し、チロル州政府の補助金として、1自治体あたり最大22,000ユーロ(事業総額の最大75%、上限は自治体の規模やプロジェクトの内容により異なる)を提供している[3]。この補助金は、現場でのプロジェクト実施のほか、プロセス・ファシリテーターの人件費としても使用できる。これに加えて、先ほどの村リニューアルやLEADER (EUの農村地域再生事業)の補助金、市民会議(BrgerInnenrates)など他の参加型の取組みなどとも連動させつつ、重層的かつ分野横断的な手厚い実施サポートを提供しているのがチロル州の特徴である。

ザルツブルク州でも、LA21を州政府の長期的な「気候エネルギー戦略2050」の実現ツールの1つとして位置付けて積極的に推進しているが、チロル州との大きな違いが、LA21の支援組織が、州政府の外部に独立して設定されていることである。この役割を担う「ザルツブルク空間計画・住居研究所(SIR : Salzburger Institut fr Raumordnung und Wohnen)」は、州政府が年間予算の3分の2程度をカバーしているが、州政府から独立した非営利型協会の形をとっており、州内のすべての自治体や公益住宅団体など関連する約500組織がメンバーとして名を連ねている。年間予算約300万ユーロ、スタッフも約35名と大規模で、LA21だけでなく、州の空間計画や建築、気候変動、エネルギー関連の政策を総合的にサポートする中間支援組織となっている(LA21をサポートする担当アドバイザーは3名)。

ザルツブルク州のLA21プロセスは、ほぼパッケージ化されており(このことが、少人数のアドバイザーでの自治体サポートを可能にしている)、おおよそ図9.1のような形で進められる。コア・プロセスと実践フェーズに分かれており、コア・プロセスだけで約1年半をかけて実施される(的場・平岡[2020]) :

---

[3]Amt der Tiroler Landesregierung (2), Information zur Lokalen Agenda 21 in Tirol Gemeinsam Zukunft gestalten :

https://www.tirol.gv.at/fileadmin/themen/land-forstwirtschaft/agrar/
dorferneuerung-tirol/Downloads_Neu/LA21_Infoblatt_Zukunft_gestalten.pdf。

9-3 地域のキャパシティを高めるローカル・アジェンダ 21 プロセス

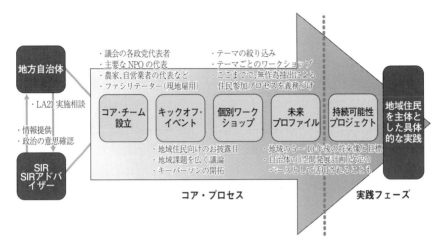

図 9.1　ザルツブルク州における LA21 プロセス。

1. 自治体への情報提供と助成金申請：はじめに SIR のアドバイザーが、自治体の首長と議員に LA21 に関する情報を提供する。LA21 の実施は議会での決議が絶対条件となっているため、その判断のための有益な情報をしっかりと提供する。実施が決まると、助成金申請のための同伴サポートも提供する。

2. コア・チーム設立とキックオフ・イベントの開催：次にコア・チームと呼ばれる LA21 プロセスの意思決定組織が設置される。議会の各政党代表者、主要な NPO の代表、農家の代表など、地域の多様な利害関係者を巻き込む。コア・チームの設定後、LA21 プロセスのスタートを地域に知らせるためのキックオフ・イベントを開催する。

3. 個別テーマを深めるワークショップ：キックオフ・イベントで議論したテーマについて、数を絞りより深く検討するためのワークショップを行う。キックオフ・イベントからワークショップまでの間に、少なくとも 1 度は無作為抽出による住民の参加プロセスを行うことが義務付けられている。

4. 地域の将来像と目標を設定した「未来プロファイル」と実践のための「持続可能性プロジェクト」の策定：これまでの住民参加と利害関係者のパートナーシップの成果が凝縮されている。

5. 最終の成果公開イベント : 未来プロファイルと持続可能性プロジェクト
を地域に向けて発表する。ここで参加者のモチベーションを高め、持続可
能性プロジェクトの新たなプレイヤーとして巻き込むなど、プロジェクト
の実践と LA21 の継続性を高めるための重要なイベントとして位置付けら
れている。

2つの州に共通するのは、LA21 の基本コンセプトである市民参加型プロセ
スを地域づくりの基底とし、それをサポートする資金・組織・制度体制をしっ
かりと確保していることである。これにより、地域の現場において、安定的か
つ継続的に市民や組織が地域づくりの経験を積む場が提供され、それが蓄積さ
れることで地域全体のネットワーク化が進みキャパシティが構築されていく。
オーストリアは人口 2000 人程度の小規模自治体が多いが、それでも生活の質
が高い地域が多く見受けられるのは、国から州、基礎自治体までの明確かつ一
貫性のある持続可能性実現への戦略とそのための重層的な支援体制が構築され
ているためである。

9-4　自治体のキャパシティ・ビルディングとの役割

9-4-1　オーストリアの重層的中間支援の仕組み

日本では自治体への支援としては、主に国による計画策定や事業実施への補
助金・交付金による支援や、一部の都道府県による計画策定への支援などがあ
る。これらは、一定の体制を有し、気候変動政策に積極的に取り組む自治体の
支援を基本としている。そのため、補助金や交付金があったとしても、そもそ
も人材や財源、専門性などの面において十分な余裕がない自治体は申請するこ
とができない。

一方、欧州では十分な体制や予算を持たない自治体であっても、スタート
アップできるような支援制度が作られている。例えば、オーストリアのニー
ダーエスタライヒ州では、州のエネルギー・エージェンシーが自治体を対象と
した環境サービスを提供している。支援の内容は、助成金情報の提供と申請支
援、建物改修や省エネ・再エネ設備の導入などに関する無料のアドバイスなど
である。こうした州からの支援に加えて、国際的な自治体ネットワーク組織で

ある「気候同盟 (Climate Alliance)」に加入することで、自治体の気候エネルギー政策の評価する「クリマチェック」などのツールの提供や、イベントやセミナー、ワークショップの開催などの多様な支援を受けることが可能になる。

さらに積極的な自治体は、オーストリア (全国レベル) のエネルギー・エージェンシーが運営する自治体によるエネルギー政策を促進する自治体支援プログラム「e5 プログラム (以下、e5)」に取り組むことができる。これは、エネルギー政策の実施・到達状況を評価・認証・表彰するプログラムである。e5 は、自治体によるエネルギー政策の推進を通じて、空間計画や住民の買い物支援や交通アクセスの確保など、持続可能な地域づくりの達成を支援することを目的としている。e5 の取得のために必要な予算は、基礎自治体が 1/3、州とエネルギー・エージェンシーがそれぞれ 1/3 を負担することになっており、基礎自治体の金銭的な負担が少なくなるように調整されている。現在までに、オーストリア国内 9 州のうちの 7 州で実施されており、2022 年時点で 275 の基礎自治体が参加している。

EU レベルでも、e5 と互換性を持ったトップレベルの自治体の認証・評価制度である「ヨーロピアン・エナジー・アワード」があり、国際的な自治体の気候エネルギー政策のベンチマークとして機能している (豊田 [2021])。また、オーストリアには、複数の小規模自治体を合わせた広域地域向け支援として「気候エネルギーモデル地域 (KEM)」や「気候変動適応モデル地域 (KLAR!)」などもある。

このようにオーストリアでは、国のみならず州や州のエネルギー・エージェンシー (Energy Agency)、NGO、さらには EU などによる自治体支援制度が重層的に構築されている。自治体は、その取組みレベルに応じて必要な支援を受けることができる。重層的な支援の仕組みになっているのである。

日本でも脱炭素を全国に広げていくためには、自治体のスタートアップを支援する取組みや、そこからステップアップしていくことができる仕組みを考える必要がある。

こうした重層的な支援を進めるうえで重要な役割を果たしているのが、エネルギー・エージェンシーである。

9-4-2 欧州の中間支援組織「エネルギー・エージェンシー」

欧州委員会 (European Commission：以下、EC) では、エネルギー・エージェンシーを、エネルギー政策・事業関係者の中間支援組織として、関連の取組みの発展を支援する組織であり、持続可能な社会づくりに向けた提言、地域におけるエネルギー政策・事業のニーズを踏まえた情報・ノウハウ等の提供、各種サービスなどを行う組織、と位置付けている。2014 年時点で EU 域内に426 組織のエネルギー・エージェンシーが存在しているとしている (European Commission [2014])。エネルギー・エージェンシーは、国、広域自治体 (州、郡など)、基礎自治体などさまざまなレベルに設置されているが[4]、特に地域・自治体レベルを活動範囲とするエージェンシーは、地元の自治体や住民、企業などの地域の諸主体によるエネルギー政策・事業に対して、助言、情報・ツール提供、調査研究、教育など、多様な支援を実施している (平岡 [2018]; 平岡ほか [2019])。

日本でも近年エネルギー・エージェンシーに関する認識の広がりとともに、その必要性も高まり、各地でエネルギー・エージェンシーの設立に向けた議論・実践を進めていく段階に入りつつある。エネルギー・エージェンシーそのものやエネルギー・エージェンシーに求められる機能やスタッフの職能などについては前章や本章でもすでに紹介されてきた通りである。一方で今後日本でもエネルギー・エージェンシーの設立を進めるなかで、エネルギー・エージェンシーを支える仕組みや制度についても同時に検討を進めていく必要がある。そこで、欧州におけるエネルギー・エージェンシーのネットワーク組織である「FEDARENE (正式名称：European Federation of Agencies and Regions for Energy and the Environment)」について紹介する。

9-4-3 欧州における中間支援組織のネットワーク化

"FEDARENE" は欧州各地のエネルギー・エージェンシーが参加したネットワーク組織であり、地域レベルのエネルギー・エージェンシーを対象にした支

---

[4]EC によると、エネルギー・エージェンシーを活動範囲別で整理すると基礎自治体レベルで活動している組織が 39%、広域自治体レベルが 43%、国レベルが 17% となっている (European Commission [2015])。

援活動を展開している。FEDARENE は、1990 年にフランス、スペイン、ベルギーのエネルギー・エージェンシーならびに自治体、地域連合が主導する形で設立された組織である。EU の本部があるベルギーのブリュッセルに事務所を置き、現在は欧州各国の約 80 の関連組織が会員として参加している。6 名の専従職員と 2 名のインターンによる事務局、欧州各国のエネルギー・エージェンシー、自治体等の代表者 16 名で構成された理事会によって運営されている。年間予算は約 60 万ユーロ、そのうちの半分は会費収入が財源となっている。いわば FEDARENE は、「地域の中間支援組織の支援組織」であると捉えることができる。

　FADARENE の活動を大まかに整理すると、会員であるエネルギー・エージェンシーや自治体間のネットワーク化・交流、会員に対する支援、EU に対するロビイング・提言、などに分けることができる。以下で FADARENE の主要活動を紹介していく。

(1)　エネルギー・エージェンシーの支援プログラム ManagEnergy

　FEDARENE が主要メンバーとなり推進している取組みとして「ManagEnergy」と呼ばれる教育支援プログラムがある。ManagEnergy は、EU の資金（"Horizon 2020 Framework Programme of the European Union"：EU 域内での研究・革新的開発の促進を目的にしたプログラム）を財源に実施されている、欧州のエネルギー・エージェンシーの基盤強化を目的にしたプログラムである。プログラムの運営は、欧州各地のエネルギー・エージェンシーや研究機関、民間企業などで構成されたコンソーシアムによって推進されており、FEDARENE はその主要メンバーとして参加している。

　現在の ManagEnergy の主要事業は、エネルギー・エージェンシー関係者向けの教育である。教育プログラムでは 2 つのコースが設定されている。その 1 つである「Master Classes」は、ブリュッセルで定期的に開催されているエネルギー・エージェンシーの職員向けのプログラムで、3 日間にわたり事業の企画立案・実施、ファイナンス等について専門家からの講義や参加者間でのワークショップ等を通じて学ぶ内容になっている。もう 1 つの「Expert Missions」は、先進的なエネルギー・エージェンシーの経営者がプログラムを受講するエ

ネルギー・エージェンシーを訪問、3日間滞在し、エネルギー・エージェンシーの戦略や新しい事業の企画立案・実施、ファイナンス等に関する助言を行ったり、地域内の自治体や金融機関、エネルギー企業などの利害関係者を集めて持続可能なエネルギー政策・事業のあり方について議論を行ったりする内容になっている。

　その他には、各国のエネルギー・エージェンシー間のネットワーク化、情報交換・交流を目的にしたワークショップ等や、著名な脱炭素政策分野の専門家を講師として招いた講演会「ManagEnergy Talks」などを開催している。加えて、EU域内のエネルギー・エージェンシーの組織運営、実施事業の実態等を把握することを目的にしたアンケート調査を定期的に実施し、その結果を踏まえたエネルギー・エージェンシーの強化・支援の方策についての検討も行っている。

(2)　エネルギー・エージェンシーの声を代弁するロビイング・政策提言活動

　FEDARENEは、EUに対するロビイング・政策提言を専門に担当する職員を雇用し、関連する活動を積極的に展開している。特に同団体では、エネルギー・エージェンシーや自治体などの地域主体がエネルギー・エージェンシーを推進していく上で活用しやすい支援プログラムや法制度が整備されることを重視しており、それらに関する提言をEC関係者に盛んに実施している。具体的には、エネルギー・エージェンシー・自治体関係者が集まり、支援プログラムのあり方や要求事項について議論する機会を各地で設け、現場レベルの意見を集約した上で、ECに対して提言を行っている。さらに、エネルギー・エージェンシー・自治体関係者が集まる会議やイベント等にECの政策担当者を招待し、地域レベルでの動向や先進事例を伝えたり、両者がコミュニケーションをとる場を設けている。

　こうしたFEDARENEの取組みは、地域の現場の主体とEUをつなげる役割を果たしているものであり、各国のエネルギー・エージェンシーからも高く評価されている。

(3)　気候エネルギー政策においてFEDARENEが担う役割

　FEDARENEは、欧州各地の地域レベルで活動するエネルギー・エージェンシーのネットワーク組織であると同時に、それらの中間支援組織の支援組織と

しての活動を展開している。これらから、欧州の気候エネルギー政策分野では、「重層的な支援体制」が構築されていると捉えられる。

先述した ManagEnergy の一環として実施されたエネルギー・エージェンシーに関する調査[5]によると、回答したエネルギー・エージェンシーの75%は職員数が7名以下と小規模な組織が多数を占めている。また、多くのエネルギー・エージェンシーが財源等の面で自治体や国などの公的セクターに依存しているため、政治的状況の変化などに左右されるなど、不安定な運営を強いられている（平岡 [2018]）。そもそも、こうした地域レベルの中間支援組織自体が気候エネルギー政策分野には非常に少数しかない日本と比較すれば、欧州は状況的に進んでいると言えるが、それでも組織的には脆弱な組織が少なくないため、FEDARENE のような現場の中間支援組織を支える存在が必要とされていると考えられる。

9-5　求められる制度レベルのキャパシティ・ビルディング

本章では海外での取組みについて紹介しながら人材、組織、コミュニティ、制度レベルのキャパシティ・ビルディングのあり方について整理、検討してきた。

そのなかで、日本と海外を比較すると、特に組織、制度レベルでのキャパシティの構築・強化・維持といった継続的なプロセスにおいて大きな違いがあることが改めて確認された。日本でも欧州でも人材養成の必要性は変わらないが、日本では必要となる人材がどのようなものなのか、その目的や必要となる能力、現場とのマッチングなどが十分に整理されておらず、人材育成そのものが目的化している傾向が見られる。実際に日本では、養成講座などを終了した人材に対するフォローアップや継続教育が行われることはめったにない。

それに対して欧州では目指す方向があり、その達成に資する制度の構築・整備を進め、その上で必要となる人材の育成や組織の構築が行われているため、そこで求められる人材像、キャパシティもより具体化されている。例えば3章でも紹介されているエネルギー・エージェンシーの職員や本章で紹介した

---

[5]調査票をエネルギー・エージェンシーに送付する形で実施。調査対象数は306組織、回答率は36%。

KEMやKLAR!のコーディネーターなどは、政策・制度に基づきながら期待される役割、求められる能力が明確化され、その育成のためのプログラムや継続教育、フォローアップの仕組みも整備されている。これらの点は日本と欧州では大きな差があるといえる。

また政策や制度に基づくことによって組織レベルでの整備が行われ、資金提供を基に、人材への投資、雇用の拡充が可能になり、それによってノウハウや情報などを組織に蓄積していくことが可能になっている。欧州には大小の差はあれ一定数の職員を雇用しているエネルギー・エージェンシーが多数あるのに対して、日本ではこの分野の雇用は非常に限られている。

このように政策や制度の違いが日本と欧州におけるキャパシティ・ビルディングのあり方の違いとなっているものと思われる。日本においても人材の養成だけにとどまらず、組織、制度・政策を含めた包括的、重層的なキャパシティ・ビルディングを進めることが求められる。

■参考文献

Bundesministerium Klimaschutz, Umwelt, Energie, Mobilität, Innovation und Technologie (BKUEMIT) [2021], *LA21-Basisqualitten 4.0: Prozessorientierte, partizipative und inhaltliche Basisqualitten für Lokale Agenda 21-Prozesse in Österreich.*

International Council for Local Environmental Initiatives (ICLEI) [1996], *The Local Agenda 21 Planning Guide: An Introduction to Sustainable Development Planning*, Toronto, Canada: ICLEI.

ICLEI and United Nations Department for Policy Coordination and Sustainable Development (DPCSD) [1997], *Local Agenda 21 Survey: A Study of Responses by Local Authorities and Their National and International Associations to Agenda 21*, Toronto, Canada: ICLEI.

Ministerium Für Ein Lebenswertes sterreich .MELÖ) [2017], *12. Gute Grnde Für Lokale Agenda 21.*

United Nations [1993], *Report of the United Nations Conference on Environment and Development: Volume I Resolutions Adopted by the Conference, Rio de Janeiro*, Brazil: United Nations publications

Warburton, D. (ed.) [1998], *Community and Sustainable Development: Participation in the Future*, London: Earthscan Publications Ltd.

European Commission [2014], *ManagEnergy: Directory of Energy Agencies.*

European Commission's Executive Agency for Small and Medium-sized Enterprises [2015], *Energy Agencies in Europe: Results and Perspectives*.

平岡俊一 [2018]、「欧州の地域主体を支える中間支援組織」、的場信敬・平岡俊一・豊田陽介・木原浩貴、『エネルギー・ガバナンス―地域の政策・事業を支える社会的基盤』、学芸出版社：147-172。

平岡俊一・的場信敬・木原浩貴・豊田陽介 [2019]、「オーストリアにおける自治体エネルギー政策を対象にした中間支援活動の推進体制と取り組み―州単位での動向を中心に」、『社会科学研究年報』(49):103-115。

豊田陽介 [2021]、「気候エネルギー政策における自治体支援の仕組み」、的場信敬ほか編『エネルギー自立と持続可能な地域づくり』、昭和堂 :97-112。

的場信敬・平岡俊一 [2020]、「オーストリア・ザルツブルク州の持続可能な社会づくり：LA21 と中間支援組織による複合的な民主的プロセスの構築」、『人間と環境』、46(2):37-42。

注　第9-4節は、以下の既出論文に追加・修正を加える形で執筆した。平岡俊一・木原浩貴・豊田陽介・的場信敬 [2020]、「FEDARENE (European Federation of Agencies and Regions for Energy and the Environment) による欧州域内のエネルギー・エージェンシーを対象にした支援活動」、『人間と環境』、46(2): 62-65。

(豊田陽介・的場信敬・平岡俊一)

第 **4** 部

これからの人材育成と地域社会への定着に向けて

第10章

人材の能力構築を支える継続教育と資格フレームワーク

10-1　社会における継続教育の役割

　第1部で議論されたように、脱炭素・エネルギー政策分野における人材育成について、専門的な知識や技術を学べる高等教育などのフォーマル教育が果たしている役割は限定的であった。これは、気候変動や脱炭素が比較的新しいテーマであるために、専門的な教育プログラムが十分に開発されていなかったことが一因として考えられるほか、脱炭素地域社会づくりには、専門技術による革新のみならず、地域に既存の人材や組織、さまざまな取組みなどを包括的に組み合わせることで、社会構造や慣習を変革していくことが求められるため、それを可能にするコーディネーションやコミュニケーション、ネットワーキングといった気候変動以外の能力も求められていることも要因として考えられる。

　欧州においては、もともと雇用の流動性が日本と比べて格段に高く、キャリアチェンジやキャリアアップのために、就職した後も継続的に自身の能力を高める努力、つまりは継続教育を活用している人が多い。そのような社会背景から、雇用主側も自身のスタッフの継続教育については積極的なサポートを行っている。オーストリア、ドイツ、イギリスといった国々でわれわれが訪問した組織 (エネルギー・エージェンシーやまちづくりNPO、自治体、企業など) の

多くが、例えば、継続教育を業務の一部として受けることができる年間時間数を設定したり、継続教育にかかるコストを雇用主が負担するなど、スタッフの継続教育を制度的に位置付けてサポートしている。より積極的な組織では、スタッフのキャパシティ・ビルディングを奨励するために、年間数十時間の継続教育を義務付けているところや、業務に関連する大学院への進学費用や授業料までカバーする企業もある。雇用の流動性が高いため、学びをサポートしたスタッフが転職してしまう可能性もあるが、話を聞いたイギリスの企業の人事担当者は「それはどの組織にとっても同じ問題。他の組織からも有能な人材がこちらに入ってくることもあるので、社会全体で人材を育成していると考えて、積極的に継続教育への支援を行なっている」と話してくれた。

このように社会的に継続教育の考え方が普及している国々では、大学が提供する修士課程や博士課程といったフォーマル教育のプログラムはもちろん、職種別の専門職団体や組合、NPO、企業など、さまざまな組織が単独であるいは複数組織のパートナーシップにより、ノンフォーマル教育のプログラムやインフォーマル教育の場を提供している。われわれが気候変動分野の現場で集めた情報では、それらの多くは数日から数週間、長くても6ヶ月ほどの比較的短期間の集中的なプログラムであった。それゆえに、働きながらそれらのプログラムを受講することも容易であり、それが人材の継続的な能力アップや継続教育の普及にもつながっている。

日本においても、伝統的な終身雇用のシステムが終焉を迎え、長引く不況で雇用環境が悪化する中で、リカレントやリスキリングといった学び直しのニーズは高まっている。そこで本章では、まず、脱炭素・エネルギー政策分野での継続教育の事例を紹介し、次に、そういった教育を社会に定着化させる認証制度と資格フレームワークについて検討する。そこから、これからの日本における専門人材の確保について検討を行う。

10-2　オーストリアの「エネルギー・アドバイザー養成講座」

われわれの10年間の欧州研究の中でも特徴的な成果が、気候変動問題全般に対応する中間支援組織に関するものである。エネルギー・エージェンシーと呼ばれるこの組織は、オーストリアのほぼ全ての州に存在し、州内の利害関係

者 (州政府や基礎自治体、企業、NPO、市民など) と連携しつつ、地域の脱炭素化を推進している。その機能は、自治体の政策策定支援や企業・市民などへのエネルギー・アドバイス、利害関係者のネットワーキング、最先端の情報を得るための調査研究、教育・研修プログラムの提供など、実に多岐にわたっている。州によって規模が異なるものの、この後紹介するフォアアールベルク州のエージェンシーは 50 人を超えるスタッフを有し、その多くが省エネ建築やエネルギー政策、コミュニケーションなどの分野で修士号や博士号を有する専門家集団である (的場 [2016]; 平岡 [2021])。

　ただ、そのような学位を有する人材でも、エージェンシーが提供するさまざまなサービスすべてに対応することは難しい (第 1 部の各章を参照)。常に最新の情報を活用できるように自身をアップデートしていく必要がある。そこで、エージェンシーの多くのスタッフが取得しているのが、「エネルギー・アドバイザー (Energieberater)」という資格である。この資格はオーストリア全土で通用し、その養成講座は 30 年の歴史を誇る。国内のすべての州とそのエネルギー・エージェンシーが参加する質保証組織「ARGE-EBA (Arbeitsgemeinschaft Energieberater Innen-Ausbildung)」が、学習内容と質の統一化及びカリキュラムのアップデートを行っている[1]。講座は、基礎講座 (A コース) と上級講座 (F コース) の 2 段階になっており、基礎講座は誰でも受講可能だが、上級講座の受講は、基礎講座の修了が条件となっている。受講生の多くは、上級講座まで終了してエネルギー・アドバイザーの資格取得を目指す人だが、エネルギー関連企業が、スタッフの継続教育の一環として基礎講座のみ受講させるといった活用をしていることもある。各講座の修了者には修了証が発行され、これが就職活動を行う際の自身の能力を証明するために活用される。ドイツにも同様の資格が存在しているが、われわれが訪問したあるエネルギー・エージェンシーでは、オーストリアのエネルギー・アドバイザー資格を有している場合は、ドイツの資格に読み替える形で採用を判断しているとのことであった。

　養成講座の質保証は全国組織の ARGE-EBA が行うのに対し、その教育プ

---

[1] ARGE-EBA : https://arge-eba.net/。

- プラニングの基礎
- 構造工学と建築物理学の基礎
- 建築材料と部材設計
- 換気技術と気密試験
- 温水の準備と分配
- 熱分配と制御
- 収益性、建物分析、補助金
- エネルギーコンサルティングの方法論、コミュニケーション

図 10.1 「建築物・エネルギー基礎講座」の講義内容。

ログラムの提供は各州のエネルギー・エージェンシーが行なっている。ここでは、オーストリアでも特に気候変動対策に熱心なフォアアールベルク州を例に紹介する。フォアアールベルク州の基礎講座は「エネルギー研究所フォアアールベルク (Energieinstitut Vorarlberg)」により「建築物・エネルギー基礎講座 (Gebäude & Energie Basislehrgang)」という名前で提供されている。1週間の集中講座で、45時間の講義、5時間の自学文献調査、2時間の修了試験からなる。受講料は1,050ユーロで、講義内容は図10.1にあるように、エネルギー、建築物に関する技術とコスト、そして第1部でも重要なスキルとして示されたコミュニケーションについての内容もカバーしている。

　上級講座については、隣のチロル州の「エネルギー・エージェンシー・チロル (Energieagentur Tirol)」との合同開講となっており、「認定エネルギー・アドバイザー講座 (Lehrgang Zertifizierte*r Energieberater*in)」という名称での提供である。上級講座だけあってプログラムのサイズが一気に大きくなり、120時間の学び(12時間の自学文献調査と、10時間のエネルギー・コンサルティングの実地研修を含む) を11日間 (＋修了試験) で修了するタフな内容となっている。図10.2で示している通り、講義内容もより広範かつ専門的になっている。受講料は2,150ユーロとかなり高額になるが、上述の通り、継続教育のコストは多くの場合、雇用主がカバーしてくれるほか、州や基礎自治体からの補

- エネルギー性能証明書
- 未来の住宅
- コスト最適化建築
- 法的枠組み
- 規制地域における改修
- 建築におけるエコロジー
- 気密性と防風性
- サーマルブリッジと蒸気拡散
- サーモグラフィ
- エネルギー戦略のための技術
- 太陽光発電と蓄電
- 快適な換気
- 水力学と熱分布
- 暖房システム
- 建築評価システム
- 補助金を活用した建築とリフォーム
- 経済効率未来のモビリティ
- エネルギー・コンサルティングにおけるコミュニケーション
- エクスカーション
- プロジェクト：エネルギー証書
- プロジェクト：エネルギー・コンサルティング

図 10.2 「認定エネルギー・アドバイザー講座」の講義内容 (一部)[2]。

助もあるため、金額自体が学びの妨げとなることはあまりないようである[2]。

　これらの講座は毎年大変人気があるとのことで、実際に2025年の4月から5月にかけて提供される上級講座は、本稿を執筆中の2024年9月の段階ですでに定員が埋まっていた。エネルギー・エージェンシー・チロルの研修担当スタッフによると、気候変動分野の人材は、自治体でも企業でも不足しているため、この資格を有していることは、この分野におけるエンプロイアビリティを大き

---

[2] Energy Agency Tirol ： https://www.energieagentur.tirol/energieagentur/
energie-akademie/。

く向上するとのことであった。

これらのエージェンシーは、この他にも専門家や市民向けの短期の研修やイベントなども提供している。例えばエネルギー研究所フォアアールベルクでは、新人自治体職員向けの「気候保全総合講座」と「モビリティ(交通)講座」という2つの講座を提供している。これらは、「気候同盟ザルツブルク(Klima-Bündnis Salzburg)」という環境NPOと共同で開発・提供しているもので、先進事例訪問など実践的な学びを重視した内容で、6日間(2日間の連続講座を3回)の講義を受講した上でレポートを提出してパスすれば、修了証を得られる。このようにオーストリアでは、大学など教育機関のほかにもさまざまな専門組織が継続教育のプログラムを提供している。

10-3 継続教育の学びを社会に位置付ける資格フレームワーク

欧州諸国でこのような継続教育が根付いているのは、先に述べたように雇用の流動化の高さゆえに教育成果が新たなキャリアに直結することが挙げられるが、もう1つの要因として、そういう学びをレベルごとに整理してわかりやすく構造化する資格フレームワークの存在がある。特にイギリスは、職能資格の長い歴史を有し、さまざまな専門職団体が職能資格の開発や資格取得のための継続教育プログラムを提供している(小山[2009])。最も古い専門職団体の1つである「City & Guild」は鍛冶職人や肉屋、馬具職人など16の職能分野が集まって1878年から資格の開発・提供をスタートしているが、現在では、美容・健康、デジタル・IT、エンジニア、農業、自然環境、ビジネス、建築物など、生活環境のあらゆる職能分野で350を超える資格を提供している[3]。

これらの職能資格は、各専門職団体のウェブサイトのほか、国内(イングランド)の職能資格の管理・認証を担う政府組織「資格・試験規制オフィス(Ofqual：The Office of Qualifications and Examinations Regulation)」のウェブサイトからも検索が可能である。例えば、シンプルにenergyで検索をかけるだけでも、「NOCN Level 5 Certificate for Certified Energy Efficiency Practitioner (NOCNが提供するレベル5 Certificateの省エネ実務者資格)」(NOCNは資格

---

[3] City & Guild : https://www.cityandguilds.com/。

を提供している専門職団体、Certificateは資格の学習サイズを示している(学習サイズについては後述))など、基礎レベルからレベル5までの30を超える専門職能資格がヒットする。そこから各資格の詳細の情報や資格を提供している専門職団体へのウェブサイトへもアクセスが可能となっている[4]。

City & Guildの資格も含め、さまざまな専門職団体が提供している資格を整理し、高等教育資格(学位)とも参照させつつ職能資格のレベルの標準化をはかるために導入されているのが、「規制適合資格フレームワーク(RQF：Regulated Qualifications Framework)」である[5]。世界的に開発が進む国別の資格フレームワークである「全国資格フレームワーク(NQF：National Qualifications Framework)」と同じように機能する。以前は、各専門職団体が独自にレベルを設定して内部で管理していたため、資格の意味する能力を比較しづらかったが、このようなフレームワークを設定し、その資格の認証を外部機関であるOfqualが行うことで、資格の相互参照と質保証を実現している。また、イギリスでは資格のレベルに加えて学びのサイズ(学習時間)でも資格を表現しており(Award:1-12クレジット、Certificate：13-36クレジット、Diploma：37クレジット以上(1クレジット=10時間の学び))、より細かく資格が意味する能力を示すことを可能にしている。さらにこれらの学びの成果は、「個人学習記録(Personal Learning Record：PLR)」としてデータ化されており、教育省の執行機関である「教育技能資金庁(ESFA：Education and Skills Funding Agency)」が管理している。ESFAに申請することで記録のコピーを得ることができる[6]。

さらに、欧州では、共通のフレームにより国家間の資格を相互参照可能にする取組みも進んでいる。「欧州資格フレームワーク(EQF：European

---

[4]Ofqualが提供する資格検索サイト：`https://www.gov.uk/find-a-regulated-qualification`。

[5]スコットランドとウェールズでは、それぞれScottish Credit and Qualifications Framework、Credit and Qualifications Framework for Walesと、独自の資格フレームワークが運用されている

[6]ESFA：`https://www.gov.uk/guidance/how-to-access-your-personal-learning-record`。

Qualifications Framework)」は、各国が有するあらゆるレベルの教育資格や
職能資格を相互参照可能にすることで、個人が有する能力を見える化するとと
もに、域内の学生や雇用者の国際的流動性を高め、有能な人材の育成に寄与す
ることを目的としている[7]。また、他国で得た資格をEQFに合わせて示すこ
とで、ある程度自身の能力を証明することができるため、増加する移民の雇用
対策への寄与も期待されている。

　EQFは、資格を8つのレベルに分けており、さらに各レベルに求められる
能力を、知識(Knowledge)、スキル(Skills)、責任と自律(Responsibility and
Autonomy)の3要素の学習アウトカムにより説明している。参加国は、自国
のNQFをEQFに適合させる形で開発することで、他国との相互参照が可能と
なる。イギリス(正確にはイングランド)のRQFもEQFと互換可能になって
いる(図10.3)。

EQF	RQF			
8	8	Award	Certificate	Diploma
7	7			
6	6			
5	5/4			
4	3			
3	2			
2	1			
1	基礎レベル3 基礎レベル2 基礎レベル1			

(出典：CEDEFOPの情報を元に筆者作成)

図 10.3　EQFとRQFの互換表。

---

[7]CEDEFOP (European Centre for the Development of Vocational Training)：`https://www.cedefop.europa.eu/en/projects/european-qualifications-framework-eqf`。

10-4　日本の気候変動分野における資格と資格フレームワークの開発

　このような取組みを参考にしつつ、日本でも同様の取組みは徐々に広まっている。その1つが、内閣府が2010年に閣議決定した「実践キャリア・アップ戦略」に基づいて、職業能力・生涯キャリアを認定することを目的として開発された「キャリア段位制度」である。3つの分野からスタートしたうちの1つが、以前から存在した「カーボンマネージャー」を改組した「エネルギー・環境マネージャー」の段位(他の2つは、「介護」と「食の6時産業かプロデューサー」)で、4つのレベル(レベル1：エネルギー・環境アシスタントマネジャー、レベル2：エネルギー環境マネジャー、レベル3：エネルギー・環境シニアマネジャー、レベル4：エネルギー・環境エキスパート)で能力を示している。独自の検定試験(レベル1のみ)の合格のほか、既取得の資格や講座の履修、実務経験の実績などについて、レベルに応じたチェックを受けた上で認定される仕組みで、「一般社団法人産業環境管理協会」が認定団体となっている[8]。

　また、新たな取組みとして注目されるのが、環境省が2023年からスタートした「脱炭素アドバイザー資格の認定制度」[9]である。企業の脱炭素化を進めるにあたり、自社の温室効果ガスの排出量の算定、削減目標や具体的な削減策の設定、資金調達など、関連する多様な知見が必要となるため、そのような専門的な知見を有するアドバイザーを育成するという観点から開発されたものである(第8章も参照)。

　本認定制度では3つの認定レベル(脱炭素アドバイザーベーシック、脱炭素アドバイザーアドバンスト、脱炭素シニアアドバイザー)が設けられており、資格を提供している事業者は、各レベルの認定要件に合わせて資格認定を申請する。認定者は環境省であるが、実際に資格のための研修プログラムの提供や資格そのものを授与するのは、資格事業者となる。2024年9月30日時点では、ベーシックに5つ、アドバンストに2つの資格が認定されている(図10.4)。それぞれの資格は、得られる専門知識や能力は異なるものの、資格のレベルとし

---

　[8]一般社団法人産業環境管理協会：https://www.jemai.or.jp/eemanager/。

　[9]環境省「脱炭素アドバイザー資格の認定制度」：https://policies.env.go.jp/policy/decarbonization_advisor/。

「脱炭素アドバイザーアドバンスト」の認定資格(2024年9月1日認定)	
資格名	資格事業者
JCNA カーボンニュートラル・アドバイザ・アドバンスト	一般社団法人日本カーボンニュートラル協会
GX 検定アドバンスト	株式会社スキルアップ NeXt

「脱炭素アドバイザーベーシック」の認定資格(2023年10月1日認定)	
資格名	資格事業者
サステナビリティ検定「サステナビリティ・オフィサー」	一般社団法人金融財政事情研究会
サステナブル経営サポート	株式会社経済法令研究会(銀行業務検定協会)
SDGs・ESG 金融	株式会社銀行研修社(一般社団法人金融検定協会)
炭素会計アドバイザー資格3級	一般社団法人炭素会計アドバイザー協会
GX 検定ベーシック	株式会社スキルアップ NeXt

※ 2024年9月30日時点で、脱炭素シニアアドバイザーの認定資格はなし

(出典：環境省「脱炭素アドバイザー資格の認定制度」Web サイト[9])

図 10.4　脱炭素アドバイザーの認定資格一覧。

ては同程度ということになり、このフレームが NQF 的に機能していると言える。資格事業者は、自社が提供する資格取得のための専用参考書や、資格に対応した講座などを有償で提供している。現在のところ、金融や会計、経営分野の資格が認定されているが、今後は行政や NPO など他のセクターの人材育成にもつながるような資格の開発や認定が期待される。

10-5　継続教育と職能資格の定着化に向けて

　第1部で紹介した日本の専門人材の中には、これらの国内の資格を取得された方はおらず、議論の場に登場する事すらほぼなかった。唯一、中間支援型 NPO の次長が、スタッフの継続的な学びを促進するために、脱炭素アドバイザーの資格として認定されている資格取得を勧めているとのことであった。

　気候変動分野の国内の資格や上で紹介した認定制度は、それぞれ独立して運用されており、同じ政府が進めているキャリア段位制度と脱炭素アドバイザー認定制度でさえ、互換性が見られない。そのため、各資格がどの程度の能力を有する資格として機能しているのかが分かりにくくなっている。日本では現段階で NQF が設定されておらず、学位レベルと照らした形で資格レベルを確認

する術もないため、現段階では、これらの資格が意味する実質的な能力は、資格取得者の実務での具体的な働きを通して確認されることになる。

このような国際比較の術がない状況は、今後激化が予想される海外との人材獲得競争において不利になる可能性がある。少子高齢化が進行する中で、労働人口の減少が深刻な課題となる中、海外からの人材獲得は現実的な選択肢となりつつある。その際に、海外の職能資格を簡単に自国の資格レベルで参照できるNQFのような資格フレームワークは重要な役割を果たすと考えられる。特に、気候変動分野のような国際的な共通課題においては、国際的に比較可能な資格フレームワークがあることで、資格の開発や教育プログラムを提供する事業者が増加し、さらには海外からの受講者の増加や定着にも寄与することが期待できる。また、そのような国際的に通用する職能の習得が動機づけとなり、国際的に活躍する人材の創出に貢献する可能性も高まる。

さらに、このような資格が普及しない要因の1つとして、取得した資格を有効に活用できる職種やポジションが依然として少ないことが挙げられる。もちろん、自己啓発や自己実現の一環で資格を取得する人もいるが、資格取得のモチベーションは、キャリアアップやキャリアチェンジなど、具体的な活用に直結する場合にこそ高まると考えられる。ただ今後は、脱炭素アドバイザーが民間企業のスタッフにフォーカスした資格としてスタートしているように、各分野の組織において脱炭素に関連する専門知識や能力を持つスタッフが必要とされる機会が増えることが予想される。その結果、そういう専門人材のポストを確保する自治体や企業が増加する可能性はある。

気候変動対策や脱炭素化は、国際社会共通の喫緊の課題である。日本は先進国の一員として、また世界第5位の温室効果ガス排出国として、積極的に取組みを進め、模範を示す必要がある。その取組みを支える専門人材の量的・質的な不足は日欧共通の課題であるが、新たな資格の開発や教育プログラムの提供だけでは、この問題を解決するには不十分である。継続教育のコストを支援する補助金制度や専門人材の人件費を恒常的に支えるプロジェクト資金の設置、脱炭素化を支える中間支援組織などへのコア・コストの提供など、脱炭素化を主導する人材や組織をサポートするための政府や自治体による制度や政策の整備も不可欠である。オーストリアでは企業が継続教育のコストをカバーする例

も見られるが、自治体によっては、その企業のコストを補助金で支援する仕組みも導入されている。日欧間の比較で特に顕著なのは、このような人材や組織への積極的な投資の規模における差異である。

参考文献

小山善彦 [2009]、『イギリスの資格履修制度：資格を通しての公共人材育成』、公人の友社。

的場信敬 [2016]、「オーストリア・フォアアールベルク州のエネルギー政策を支える社会的基盤」、『人間と環境』、第 42 巻第 1 号:61-65.

平岡俊一 [2018]、「欧州の地域主体を支える中間支援組織」、的場信敬・平岡俊一・豊田陽介・木原浩貴『エネルギー・ガバナンス：地域の政策・事業を支える社会的基盤』、学芸出版社、147-172 頁。

(的場信敬)

終章

これからの人材育成 ── 日本への提言

1　はじめに

　本書のまとめとして、これまで各章で紹介した日本、欧州の取組み事例やそれをもとにした考察などを踏まえる形で、日本でのこれからの脱炭素地域づくり分野での人材育成のあり方について提示することにしたい。

　本書で紹介してきた取組み事例からも分かるように、一言に人材育成と言っても、その対象や取組みは実に多様である。それらを整理すると、脱炭素地域づくり分野での人材育成については、次のような2つのパターンに分けて検討していくべきだと考えられる。

　第一は、社会を構成する多様な市民を対象にした取組みである。より具体的には、脱炭素・エネルギー自立などを目指した政策などに関心をもち、その担い手である関係組織・人材に対してさまざまな形の意思表示や協力、支援を行う人材、さらには今後の新たな担い手にもなり得る人材などを増やす、育てるような取組みがあげられる。

　第二は、脱炭素地域づくりの担い手である専門人材を対象にした取組みである。こちらも具体的には、脱炭素・エネルギー自立を目指した政策・事業の現場で各種の取組みに従事している人材の職能等を強化していくこと、さらには、そうした専門人材が活躍しやすい環境を整備していくような取組みがあげられる。

　今後、脱炭素地域づくりを強化していく上では、この両者とも欠くことのできない取組みであると言えよう。以下では、この2パターンに分けて日本での

人材育成のあり方を考えていくことにする。

2　市民を対象にした取組み

2-1　当事者意識の欠如

　本書でも何度か指摘しているように、日本の市民の気候変動問題に対する意識に関しては、危機意識やそもそもの問題に対する関心自体が他国の市民に比べて低い状況にある。脱炭素政策を前に進めるためには、それを支える基盤として、社会の多様な層の市民からの支持や働きかけなどが不可欠だと考えられるが、そうした面について日本は心もとない状況にある。

　こうした状況の改善を考えていく上では「当事者意識」が重要になると考えられる。具体的には、脱炭素・エネルギー問題は自分たちにも関わりの深いテーマであり、政策・事業を進展させるために何かしらの形で関与していく必要がある、関与できることがある、という考え方・姿勢のことであり、こうした意識をより多くの市民がもつようになる方策について検討・試行していく必要がある。そこで、以降では、そうした観点から日本での取組みのあり方を考えていくことにする。

2-2　社会変革に関わる経験

　現在、日本においても気候変動問題について学んだり、知識・情報を得たりする機会は、学校での教育や国・自治体による普及啓発事業などのような形で比較的多く設けられていると言える。しかし、当事者意識を醸成していく上では、そのような取組みで多く見られるような知識等のインプットのみで終わるのは不十分であり、市民が得た知識等を実際に活かすことができる機会を意識的に設けていくことが必要だと考えられる。例えば、多様な立場の市民が集まり、それぞれがこれまでに学んだことを踏まえて意見を出し合ったうえで、特定のテーマの取組みの方向性や具体策などについて議論を深めていく「熟議」を行う機会、さらには、市民が実際に社会変革のための具体的な意思決定や仕組みづくり・実践などに何らかの形で関与する機会などである。これまでの日本での脱炭素政策分野での教育・普及啓発事業などでは、こういった機会が設けられることは非常に少なかったと考えられる。

そういった面で、本書で紹介した気候市民会議やビュルガーラート、ローカル・アジェンダ21などはまさしくそういった機会を地域社会に定着させる取組みとして非常に参考になると考えられる。気候市民会議やビュルガーラートでは、市民間で重ねた議論の結果が政府や議会での政策検討の場で活用され、ローカル・アジェンダ21では、自治体の持続可能な地域づくり計画の策定やそれにもとづくプロジェクトの実践などに市民が直接的に関与する取組みが推進されている。このように市民が社会を変革(脱炭素政策を推進)するプロセスに実際に関与し、自分たちも政策などに何らかの影響を与えられる可能性があるということを実感できる機会が社会内に多数存在することは、当事者意識の醸成にも強く影響すると考えられる。

特に、ビュルガーラートやローカル・アジェンダ21は州、基礎自治体などの単位で実践されているが、こうした地域レベルで展開される取組みは、市民にとってもより現実感をもって議論や作業に参加することができ、かつ取組みの成果や課題なども実感しやすいため、具体的な当事者意識を高めることに適していると考えられる。日本においても、特に都道府県や基礎自治体などのレベルにおいて、市民が熟議を伴いながら社会変革プロセスに関与できる機会を積極的に設けていくことが人材育成の観点からも求められる。

また、こうした考え方にもとづく取組みは、若者などを対象にした脱炭素政策分野の教育活動においても有効であると考えられる。若者向けの教育活動は、将来の専門人材を育成するという目的も有している。そのため、関連する取組みにおいては、先に述べたことと同じく、知識の提供のみにとどまるのではなく、若者自らが何らかの意思決定や社会実践等を経験する機会(成功のみならず失敗することも含めて)を組み込んでいくことが望まれる。

このような趣旨の取組みとして、本書ではドイツ、オーストリアの青少年議会を紹介したが、その他にも、オーストリアのエネルギー・エージェンシーが実施している若者向けの教育プログラムの中にも脱炭素地域づくりに関して具体的な実践が組み込まれた取組みが複数見られた。欧州では、社会実践型の教育活動が盛んに実施されているものと思われる。

今後、日本においても当事者意識の醸成を促す取組みを地域・自治体で積極的に展開していくことが期待されるが、こうした教育プログラムを実施する上

ではさまざまな専門的なノウハウが求められる。本書で紹介した欧州の教育プログラムの大半は、その実施時に関連するノウハウ・経験を豊富に有する専門組織や人材などからの支援を受けていた。現在の日本には、こうした教育プログラムの企画・運営の支援を担える組織、人材はかなり限られている状況にある。よって、今後の取組み活性化を考える上ではその推進を支える基盤整備についても十分に検討していかなければならない。

3　専門人材を対象にした取組み

3-1　職能の強化

　改めて、日欧の脱炭素地域づくりの現場で活躍している人材の間で重視されていた職能についてインタビュー調査の結果をもとに整理すると、コミュニケーション、ネットワーク形成、新しいモデルづくりなどに関する創造性、積極性(好奇心)、などとまとめられる。そして、これらの職能を強化するために必要な取組みとして専門人材が多く指摘していたのは、現場での経験を積み重ね、であった。この意見は、日本と欧州のどちらでも多く聞かれたことから、脱炭素地域づくり分野では国の枠を超えて、ある程度共通性を有する取組みであると捉えられる。

　先述した職能の中で、例えばコミュニケーションやネットワーク形成などに関する能力・ノウハウを強化する上では、地域社会に存在する多様な主体と交流するとともに、複数の主体による議論や作業などに取り組む経験が重要になると考えられる。自治体をはじめとする脱炭素地域づくりの担い手となる専門組織では、所属している人材がそうした経験を積み重ねられる機会を意識的に設けていくことが求められる。さらには、前節で述べたこととも重なるが、仕事をはじめる前段階の大学をはじめとする高等教育機関などにおいても、教育・研究の中で学生がそのような経験を積むことができる機会を積極的に設けていくことが期待される。

　加えて、現場経験を積むためには、やはりある程度の時間をかけて継続的に特定の政策・事業に従事し続けることが必要になる。そうした視点から見ると、本書では繰り返し指摘しているが、数年おきに異動を繰り返す現在の日本の自

治体の人事制度は、(おそらく他の政策分野でも同じことが言えると思われるが) 脱炭素政策分野で重視されている職能を強化するには適さない形になっていると考えられる。詳しくは後述するように行政組織の人事制度について真剣で検討する時期に来ているように思われる。

次に、欧州のインタビュー調査では、専門人材の多くが各種の継続教育を活発に受講していることが分かった。オーストリアやドイツの自治体、エネルギー・エージェンシーの職員は、業務時間内で自らが選択 (あるいは職場内で協議、選択) した教育プログラムを雇用主が費用を負担する形で日常的に受講している。日本においても、脱炭素地域づくりを活発化させる上では、自治体職員をはじめとする各種の専門人材が継続教育を自発的・積極的に受講しやすい環境を整備することは不可欠だと言える。

加えて、教育プログラムを提供する側 (政府セクター、中間支援組織、NPO、大学等) もその内容や形態等の多様化・充実化を図っていく必要がある。例えば、脱炭素政策に直接関係する専門的な知識について学ぶプログラムはもちろん重要だが、欧州の事例を踏まえると、コミュニケーションやネットワーク化などの職能の強化に関連してくる対話、ファシリテーション、プレゼンテーションなどに関する教育プログラムも今後充実させていくことが求められる。また、欧州では、多様な組織が実施する各種教育プログラムの質保証や資格フレームワークについて国やEUなどのレベルで共通化を図っていることを紹介した。最近になって日本でも同様の仕組みの整備に取組み始めているが、今後、継続教育を社会の中で定着させ、この分野で活躍している専門人材やそれを目指す人たちなどが多く受講するようになる状況をつくるためには、こうした教育プログラムの質保証や修了資格などの共通化を図ることが重要になる。

さらに欧州では、専門人材間の交流会、情報・意見交換会が盛んに開催されていることもインタビュー調査によって明らかになった。地域・自治体の枠を超えた専門人材間のネットワークを形成し、日常的に同政策推進に関する情報・ノウハウ交換を行ったり、必要に応じて連携・協働等を促進したりすることが目的にあるようである。求められる専門性、職能が多岐にわたる脱炭素地域づくりの推進においては、こうした多様な人材間のネットワークは非常に重要な存在になると思われる。日本においても、上記の継続教育と関連付ける形で専門人材のネットワーク化を視野に入れた取組みの積極的な実施が求められる。

3-2 専門人材の受け皿づくり

ここまで専門人材の職能強化について述べてきたが、今日の日本ではこうした個人を対象にした取組みを行う前の段階として、脱炭素地域づくり分野で多数の専門人材が活躍できる社会環境を整備していくことが不可欠である。現在のところ、日本の同政策分野の現場は、専門人材が活躍しやすい環境にあるとは言い難い。

まず、脱炭素政策の主要な担い手である自治体に関して、本書で既に何度も述べているようにオーストリア、ドイツをはじめとする欧州の行政組織では、基本的に人事異動がなく、自身が専門とする政策部門で継続的に仕事に従事するという、いわゆる専門職型の人事制度になっている。そのため、脱炭素政策担当部署でも勤務経験が20年を超える職員が存在していることも珍しくない。それに対して日本の自治体は、技術職等を除くと、多くの職員は本人の専門分野には関係なく定期的な人事異動でさまざまな部署を渡り歩く制度になっている。よって、日本の多くの自治体は、脱炭素分野の専門人材が活躍できる場にはなっていない状況にある。

もちろん、日本の人事制度のほうが適合している部署・担当業務もあると思われるが、脱炭素政策分野では既に述べたように中長期の視点で継続的に政策を積み重ねること、地域の諸主体との信頼・協力関係を形成することなどが重要な取組みになる。そこで、今回のインタビュー調査でも国内の現役自治体職員や経験者からも同様の意見が複数出ていたように、脱炭素政策分野で継続的に業務を担当する専門職の職員を配置していくことを検討すべきではないだろうか。環境政策分野全般で見ると、日本でも専門職を設ける自治体があるものの、全体から見ると非常に少数である。

加えて、欧州と比較して日本では、特に地域・自治体レベルで脱炭素地域づくりの推進を担う専門的な組織 (地域エネルギー事業体、地域新電力、中間支援組織など) の数が非常に少ない。また、既に存在している専門組織についても、事業に必要な資金 (特に人件費) や各種資源を十分に確保できない状況の中で、個人あるいは数名程度の少人数の職員がまさしく自らの身を削るような形で事業を推進しているという事例は少なくない。それに対して、第3章で述べたオーストリアの各州に設置されているエネルギー・エージェンシーは、概ね

20〜50人もの専門性を有する職員を雇用し、地域内の諸主体等を対象にした支援活動を活発に展開している。こうした話を現地でのインタビューで聞いた当初、筆者らも現実感をもって受け止めることができなかったほど、両国間の専門組織を巡る状況には大きな隔たりがある。

これまで日本では、地域の脱炭素政策・事業の担い手の組織基盤が脆弱なまま、少数のパイオニア的な専門人材等の努力(あるいは地域外の組織・人材)に頼る傾向が強かったが、こうした状態のままでは地域での取組みの先行きは厳しい。本書で繰り返し述べてきたように脱炭素地域づくりを推進する上では、多様な分野の専門的知見やノウハウが必要になるので、個人ではなく異なる専門性を有する複数の人材がチームを組んで取組みを進めることが求められる。そこで、そのようなチームの母体になるとともに取組みに従事する人材の雇用の受け皿にもなる組織体制の整備・強化に力を入れていくことが不可欠である。

これまでに訪問したオーストリアやドイツのエネルギー・エージェンシーなどでは、自治体支援部門や交通部門、教育・コミュニケーション部門などの担当組織が設置され、それらにはさまざまな専門分野や経験を有する複数名の職員が在籍し、チームで事業を展開しているが、その中では特に20〜30代の熱意ある若手職員が多数勤務しているのが印象的であった。こうした若手の専門人材が地域の現場で数多く活躍できている背景には、一定安定した条件で働ける組織が各地に存在しており、雇用の受け皿としての役割を果たしていることが大きいと考えられる。両国では、こうした専門組織の強化や人材の雇用などを拡充するために、20年以上前から国、州、自治体などが公的な資金の投資を継続的に行ってきた。脱炭素地域づくりを推進する上では組織や人材などの基盤整備に投資することが不可欠であり、政府セクターも責任を負う必要があるという認識が関係者間で形成・共有されているものと捉えられる。

これまで日本では、脱炭素地域づくりを支える組織・人材の整備への関心が非常に低かったため、こうした点について欧州との間で大きな差がついてしまっている。今後、地域において多数の専門人材が活躍できる環境を構築する上では、やはり日本でも自治体の行政組織以外にもある程度安定した条件で従事できる組織を各地に増やしていくことが重要になる。そのために、まずは国・都道府県などの政府系セクターには、地域の関係組織に対する資金の出し

方 (補助、委託など) を改革していくこと (例えば、人件費部分に積極的に資金提供するようにする、など) が求められるが、それだけにとどまらず、地域の専門組織や人材のキャパシティ・ビルディングのあり方自体についての議論も活発化させることが急がれる。

(平岡俊一)

執筆者一覧

石倉 研 (いしくら けん) ／龍谷大学政策学部・准教授	第7章
風岡宗人 (かざおか むねと) ／龍谷大学政策学部地域協働総合センター・教育開発支援員	第5章 (副)
木原浩貴 (きはら ひろたか) ／京都府地球温暖化防止活動推進センター・副センター長	第4章 (主)、第6章 (主)、第8章 (副)
斎藤文彦 (さいとう ふみひこ) ／龍谷大学国際学部・教授	第5章 (主)
豊田陽介 (とよた ようすけ) ／特定非営利活動法人気候ネットワーク・上席研究員	第4章 (副)、第8章 (主)、第9章 (主)
平岡俊一 (ひらおか しゅんいち) ／滋賀県立大学環境科学部・准教授	はしがき、第1章、第2章 (副)、第3章 (主)、第9章 (副)、終章
渕上佑樹 (ふちがみ ゆうき) ／三重大学大学院生物資源学研究科・准教授	第6章 (副)
的場信敬 (まとば のぶたか) ／龍谷大学政策学部・教授	序章、第2章 (主)、第3章 (副)、第9章 (副)、第10章
村田和代 (むらた かずよ) ／龍谷大学政策学部・教授	第5章 (副)

索引

欧文など

2030アジェンダ　178

ARGE-EBA（Arbeitsgemeinschaft Energieberater Innen-Ausbildung）　195

City & Guild　198

DEIJ　161

e5制度　114
e5プログラム　183

FEDARENE　184
FFF（フライデーズフォーフューチャー）　115

ICLEI (International Council for Local Environmental Initiatives：持続可能な都市と地域をめざす自治体協議会)　176

MINT教育　147

RE100　154

SDGs (Sustainable Development Goals：持続可能な開発目標)　1, 40

あ行

インフォーマル教育　194
エネルギー・アドバイザー（Energieberater）　195
エネルギー・エージェンシー　2, 45, 115, 194
エネルギー・エージェンシー・チロル (Energieagentur Tirol)　196
エネルギー・ガバナンス　2
エネルギー・環境マネージャー　201
エネルギー研究所フォアアールベルク (Energieinstitut Vorarlberg)　196
エネルギー自立　1
欧州資格フレームワーク (EQF：European Qualifications Framework)　200
オープン・ユースワーク (offene Jugendarbeit)　139

か行

カーボン・ニュートラル　1, 38
カーボン・ニュートラル宣言　40
解釈主義　33
解釈的客観主義アプローチ　33
環境教育　63
環境教育推進法　40
環境自治体　2
気候アクション　82
気候エネルギー・マネージャー　47
気候エネルギーモデル地域　47
気候会議 (climate assembly)　88–91
気候危機　85
気候市民会議　170
気候正義(クライメート・ジャスティス)　161
気候非常事態宣言　173
気候不安 (climate anxiety)　3
気候変動教育　63
気候変動枠組条約第3回締約国会議 (COP3)

40

気候保護マネージャー　47

規制適合資格フレームワーク (RQF : Regulated Qualifications Framework)　199

キャパシティ　40

キャパシティ・ビルディング　153, 156, 194

キャリアアップ　193

キャリア段位制度　201

キャリアチェンジ　193

教育技能資金庁 (ESFA : Education and Skills Funding Agency)　199

協働プラットフォーム　178

グリーン経済　164

グリーンジョブ　165

継続教育　56

ゲルリンゲン市　129

建築物・エネルギー基礎講座 (Gebäude & Energie Basislehrgang)　196

コア・プロセス　178

公害　36

公正な移行(ジャスト・トランジション)　164

高等教育機関　4

コーディネーション　5

国連環境開発会議(地球サミット)　176

個人学習記録 (Personal Learning Record : PLR)　199

子どもの権利条約　139

コミュニケーション力　39

コロナ禍　1, 86

さ行

サポーター　32, 37

参加型・討論型民主主義(participatory・deliberative democracy)　90

参加型民主主義　129, 171

資格・試験規制オフィス (Ofqual : The Office of Qualifications and Examinations Regulation)　198

資格制度　41

資格フレームワーク　198

持続可能な開発目標 (Sustainable Development Goals, SDGs)　85

持続可能な地域づくり　25

自治体公社 (Stadtwerke、シュタットベルケ)　47

実証主義　33

社会的基盤　2

社会変革　65

重層的な支援体制　187

職能　13

職能資格　198

人材　3

人材育成　86, 91, 102, 103

人新世　86

心理的気候パラドックス　67

政策形成　171

青少年議会　6, 129

世界気候ゲーム (Weltklimaspiel)　145

ゼロ・カーボン・シティ宣言　40

全国資格フレームワーク (NQF : National Qualifications Framework)　199

専門職団体　198

専門人材　31

た行

脱炭素アドバイザー　201

脱炭素化　86, 87, 90, 97, 100, 103

脱炭素教育プログラム　69

脱炭素地域づくり　13

地域新電力　157

地域脱炭素化　3

地域地球温暖化防止活動推進センター　16

地球温暖化対策実行計画 (区域施策編)　3
地球温暖化対策推進法　40
地球温暖化防止条例　40
中間支援組織　2, 13, 194

な行

認定エネルギー・アドバイザー講座 (Lehrgang Zertifizierte*r Energieberater*in)　196
ネットワーキング　5, 39
ノンフォーマル教育　194

は行

バーデン＝ヴュルテンベルク州　48
バーデン＝ヴュルテンベルク州政治教育センター (LpB)　130
パッシブハウス　6
パリ協定　1, 40
半構造化インタビュー　33
ビュルガーラート (Bürgerrat)　6, 140, 170
ファシリテーター (facilitator)　91, 96
フォアアールベルク州　48
フォーマル教育　194
フォロワー　5, 32
福島第一原発事故　36
プロセス・ファシリテーター (ProzessbegleiterInnen)　179

フロントランナー　5, 32, 36
ベルリンの壁崩壊　36
ボイテルスバッハ・コンセンサス　130
ボランティア・住民参加事務局 (FEB)　139

ま行

まちづくり基本条例　40
モンタフォン　129
モンタフォン・スタンド (Stand Montafon)　142

や行

ユースコーディネーター　143
ユースフォーラム　129
ヨーロピアン・エナジー・アワード　183

ら行

ライフ・ストーリー　13, 32
ライフ・ヒストリー　32
リーダー　37
リーダーシップ　37
リカレント　194
リスキリング　165, 194
ローカル・アジェンダ21　6, 136, 176

わ行

ワールドピースゲーム　145
若者参加モデル　140

的場 信敬 (まとば のぶたか)

龍谷大学政策学部教授。Ph.D. in Urban and Regional Studies, University of Birmingham, the UK.

専門は地域ガバナンス論、持続可能性論。ステイクホルダーのパートナーシップによる持続可能な地域社会の実現について、政策・システムの視点から研究。

主な著書に、*Depopulation, Deindustrialisation & Disasters: Building Sustainable Communities in Japan* (eds., Palgrave Macmillan, 2019)、『エネルギー自立と持続可能な地域づくり ── 環境先進国オーストリアに学ぶ』(共編著、昭和堂、2021年) など。

平岡 俊一 (ひらおか しゅんいち)

滋賀県立大学環境科学部准教授。立命館大学大学院社会学研究科博士課程後期課程修了。博士 (社会学)。NPO法人気候ネットワーク、北海道教育大学釧路校などを経て現職。

参加・協働型の持続可能な地域づくり、脱炭素地域づくり推進のためのガバナンス、社会的基盤のあり方について、各地でのフィールドワークをもとに研究。

著書に『エネルギー・ガバナンス ── 地域の政策・事業を支える社会的基盤』(共著、学芸出版社、2018年)、『エネルギー自立と持続可能な地域づくり ── 環境先進国オーストリアに学ぶ』(共編著、昭和堂、2021年) など。

龍谷大学社会科学研究所叢書 第147巻

脱炭素 地域づくりを支える人材 ── 日欧の実践から学ぶ

2025年2月25日　第1版第1刷発行

編　　者　的場信敬・平岡俊一
発 行 所　株式会社日本評論社
　　　　　〒170-8474　東京都豊島区南大塚3-12-4
　　　　　電話　03-3987-8621 (販売)　03-3987-8592 (編集)
印 刷 所　藤原印刷株式会社
製 本 所　牧製本印刷株式会社
装　　幀　菊地幸子

検印省略 ©N.Matoba, S.Hiraoka　2025
乱丁・落丁本はお取り替えいたします。

JCOPY 〈(社) 出版者著作権管理機構 委託出版物〉

本書の無断複写は著作権法上での例外を除き禁じられています。複写される場合は，そのつど事前に，(社) 出版者著作権管理機構 (電話 03-5244-5088, FAX 03-5244-5089, e-mail info@jcopy.or.jp) の許諾を得てください。また，本書を代行業者等の第三者に依頼してスキャニング等の行為によりデジタル化することは，個人の家庭内の利用であっても，一切認められておりません。

Printed in Japan,　ISBN 978-4-535-58793-9